Augen-Blicke

I0892677

P V E R
V A L A
E R N G
L A G O

Dolores Zoé Bertschinger, Natalie Fritz,
Anna-Katharina Höpflinger, Marie-Therese Mäder (Hg.)

Augen Blicke

29 Perspektiven auf Religion

Festschrift zum 50. Geburstag
von Daria Pezzoli-Olgiati

PVER
VALA
ERNG
LAGO

Gedruckt mit freundlicher Unterstützung des Zentrums für Religion, Wirtschaft und Politik der Universität Zürich und der Evangelisch-Theologischen Fakultät der Ludwig-Maximilians-Universität München.

Der Theologische Verlag Zürich wird vom Bundesamt für Kultur mit einem Strukturbeitrag für die Jahre 2016–2018 unterstützt.

Bibliografische Informationen der Deutschen Nationalbibliothek

Die Deutsche Nationalbibliothek verzeichnet diese Publikation in der Deutschen Nationalbibliografie; detaillierte bibliografische Daten sind im Internet über http://dnb.dnb.de abrufbar.

Umschlaggestaltung: Mario Moths, Marl
unter Verwendung einer Fotografie von Léa Burger
Satz und Layout: Mario Moths, Marl
Druck: ROSCH BUCH GmbH, Scheßlitz

ISBN 978-3-290-22041-9
© 2017 Theologischer Verlag Zürich
www.pano.ch

Alle Rechte vorbehalten

INHALT

BLAU

GRÜN

SCHWARZWEISS

ROSA

ROT

GELB

ORANGE

«Life is Like a Box of Sprüngli's Pariser Konfekt»

Dolores Zoé Bertschinger, Natalie Fritz, Anna-Katharina Höpflinger, Marie-Therese Mäder

Das Leben ist immer wieder ein überraschendes Zuckerschlecken – das gilt für alle Menschen, nicht nur für *maîtresses chocolatières*. Insbesondere seine Unvorhersehbarkeit machen das Leben vielfältig, emotional und herausfordernd. Und genauso verhält es sich auch mit der Wissenschaft: Je mutiger die Forschungsfrage und je gewagter die Methoden, desto lehrreicher sind die Auseinandersetzung und desto innovativer das Ergebnis. Daria Pezzoli-Olgiati hat sich stets für dasjenige wissenschaftliche Konfekt entschieden, welches am unkonventionellsten glänzte, ja zu Beginn vielleicht gar bitter schmeckte, sich aber beim analytischen Auf-der-Zunge-Zergehenlassen als das nachhaltigste und komplexeste herausstellte.

Um im Confiserie-Jargon zu bleiben: Ein einfaches Schokolade-Biskuit-Konfekt kann Daria Pezzoli-Olgiatis Gelüste nach Herausforderungen und neuer Erkenntnis nicht stillen. Es muss schon ein

Assortiment an unterschiedlichen Süsswaren sein, am besten mit viel Liebe und Sorgfalt handgefertigt. Daria Pezzoli-Olgiati hat in ihrer Forschung – sowie in ihrer Backkunst, an der sich zahlreiche Verfasserinnen und Verfasser des vorliegenden Bandes bereits gütlich getan haben – keinen Aufwand gescheut und sich stets von Kreativität und Freude am Entdecken leiten lassen. Dadurch lebt sie ihren Studierenden, Doktorierenden, Mitarbeitenden sowie ihren Kolleginnen und Kollegen die Freude an der Wissenschaft vor und regt sie zu Diskussionen und zum Experimentieren an.

Entsprechend besteht die hier vorliegende Festschrift zu Ehren von Daria Pezzoli-Olgiatis 50. Geburtstag aus einer bunten Auswahl an Beiträgen, deren Autorinnen und Autoren in unterschiedlichen Disziplinen verankert sind. Das verbindende Element der Essays ist die Aufgabenstellung: Ausgehend von einem für die Schreibenden ausgesuchten Bild sollten sie Religion definieren. Die einzelnen Aufsätze bieten in aller Kürze einen Vorgeschmack auf verschiedene religionstheoretische Zugänge. Der interdisziplinäre Zugang verlangt dabei das wohlüberlegte Kombinieren und unkonventionelle Arrangieren von Themen, Theorien und Quellen. So lassen die in diesem Band nach Farben sortierten Artikel je nachdem inhaltliche oder visuelle Gemeinsamkeiten erkennen. Die versammelten Artikel stehen beispielhaft für Theorien und Methoden, die im Umkreis der Forschungsgruppe Medien und Religion diskutiert, vertieft und ausgearbeitet wurden. Ganz im Sinne der Arbeit dieser Forschungsgruppe sollen die Artikel die verschiedenen Zugriffe auf Religion einem breiten Publikum zugänglich machen. Als theoretische und methodologische Amuse-Bouches können die Beiträge so auch im Unterricht Anwendung finden.

Wir danken allen Autorinnen und Autoren, die sich unserer visuellen und religionstheoretischen Aufgabe gestellt, und allen Fotografen und Fotografinnen, die uns ihre Bilder überlassen haben. Ein besonderer Dank geht an Theresa Wilcsek und Elisabeth Weymann für das Lektorat. Dem Pano-Verlag, allen voran Lisa Briner, danken wir herzlich für die gute Zusammenarbeit. Der Druck dieses Buches wurde ermöglicht durch das Zentrum für Religion, Wirtschaft und Politik (ZRWP) der Universität Zürich und die Evangelisch-Theologische Fakultät der Ludwig-Maximilians-Universität in München, wofür wir uns ebenfalls bedanken möchten.

Daria Pezzoli-Olgiati wünschen wir für ihre Zukunft nur das Allerbeste, grosse Kellen, tiefe Töpfe und reiche Aromen. Falls ihr die Gaumenfreuden und Geschmacksexplosionen dann doch einmal zu viel werden sollten, könnte diese Festschrift als Rezeptbuch erste Hilfe leisten

Zürich und München, 24. Januar 2017

BLAU

Natalie Fritz: Ist Religion überall? Pierre Bühler: Religion ist Redirektion Jens Köhrsen: Die Relativität des Religiösen Léa Burger: Religion entfaltet sich

Ist Religion überall? *Natalie Fritz*

So kann es gehen. Gestern noch an bester Lage vis-à-vis des Fernsehers, über dem Louis XIV-Sofa, heute hochkant auf dem Bürkliplatz, behängt mit alten Kleidern. Eigentlich hätte ich es mir ja denken können. «Religion ist nicht mehr populär», haben sie erst kürzlich in einem Bericht am Fernsehen verkündet. «Wir leben in einer säkularisierten Gesellschaft. Niemand geht mehr in die Kirche» stand überdies auf der Frontseite einer renommierten Tagezeitung, die auf dem Teetisch abgelegt worden war.[1]

Diese Aussagen versetzten mich nur deshalb nicht in Aufregung, weil ich vom Gegenteil überzeugt war: Aufgehängt in einem Salon, der diesen Namen in der heutigen Zeit noch verdient, wurde ich Zeuge

1 Zur Säkularisierung findet sich eine reichhaltige und vielfältige Literatur (in diesem Rahmen sei auf Detlef Pollacks Studie von 2012 verwiesen). Im Schweizer Kontext stellen beispielsweise die Untersuchungen Jörg Stolz' (2010 und 2014) eine interessante Reflexionsgrundlage dar.

unzähliger geistreicher Unterhaltungen, die sich nicht selten auch um Aspekte aus dem Bereich Religion, Religiosität und Theologie drehten. Die gesellschaftliche Relevanz religiöser Motive, Narrative und Praktiken, schien mir entsprechend, läge auf der Hand. Diese Annahme wurde durch die Omnipräsenz der unterschiedlichsten Aspekte von Religion im Fernsehen, dem ich – situationsbedingt – als Informations- wie auch Zerstreuungsmedium sehr zugeneigt war, zusätzlich bestärkt. In einer Nachrichtensendung wurde im Kontext einer kriegerischen Auseinandersetzung beispielsweise das Konfliktpotenzial unterschiedlicher Auslegungen sogenannt «heiliger Texte» thematisiert. Auf einem anderen Sender schaute Madames Mutter – sie bevorzugte unser Gerät wegen des Dolby Surround-Systems – allsonntäglich die Messe.

Spätabends entspannte sich Monsieur häufig bei einem Spielfilm. Besonders angetan war ich von einem Werk, das Monsieur sich immer wieder zu Gemüte geführt hatte und in dem eine Darstellung des letzten Abendmahls – allerdings in der Konkurrenzversion von da Vinci – eine zentrale Rolle spielte. Monsieur war aber im Gegensatz zu den Kindern des Hauses, die besagten Film spöttisch als «altbackenen Verschwörungstheorie-Thriller» bezeichneten, der Meinung, dass das Werk die Präsenz und den Einfluss religiöser Traditionen auf unser heutiges «ach, so säkulares» Leben sichtbar machen würde. «Natürlich!», antwortete die Tochter höhnisch. «Und als Nächstes erklärst du uns, dass du Mitglied in einer geheimen Bruderschaft bist und, dass es sich bei der Leinwand, auf der unser Abendmahl gemalt ist, eigentlich um die Steinplatte mit den Zehn Geboten[2] handelt, die du beschützen musst.» Mir wurde plötzlich ganz flau in der Leinengegend: War ich tatsächlich noch wertvoller, als ich bisher angenommen hatte? Rührte meine prominente Inszenierung an der Salonwand daher? Und, noch wichtiger, war ich in Gefahr? War die Skepsis, mit der mich die Tochter beim Betreten des Salons jeweils musterte, kein Zeichen des Überdrusses, sondern vielmehr der Besorgnis? «Unsinn, ich möchte lediglich darauf hinweisen, dass der Film – unabhängig davon, ob er gefällt, oder nicht – darauf aufmerksam macht, dass Religion kein separates Feld innerhalb einer Gesellschaft darstellt, sondern sie auf allen Ebenen durchwirkt. Religion ist ein System von Symbolen,

2 Vgl. Ex 24,12.

das eine bestimmte Lehre kommuniziert.»[3] Meine Spekulationen hinsichtlich meiner Bedeutung wurden damit abrupt beendet.

Nun gut, ich glaube, die Leinwand gleich links neben mir mit dem Nachdruck von Mondrians Komposition 10[4], würde sich glücklich schätzen, wenn sie «bloss» Träger des Abendmahls sein dürfte. «Aber Papa», schaltete sich nun der Sohn ein, «niemand, der sich nicht dafür interessiert, versteht heute, worum es beispielsweise im Abendmahl geht. Es ist einfach Kunst.» «Dem würde ich vehement widersprechen», schaltete sich nun Madame, die unbemerkt den Salon betreten hatte, in den Disput ein. «Erstens, mein Schatz, glaube ich nicht, dass man den theologischen Gehalt der Abendmahlsszene früher besser verstanden hat. Gerade weil theologische Konzepte so kompliziert sind, wurden sie seit jeher medial vermittelt und dadurch zugänglicher gemacht. Predigten, Bibelillustrationen, Architektur ..., alles Gestaltungsmittel, eine spezifische Auslegung eines Konzepts zu überliefern, erfahrbar zu machen.» Sie deutete vielsagend auf mich. «Meine Grossmutter, die mir dieses Gemälde geschenkt hat», sie wies wieder auf mich, «ging zwar regelmässig zur Messe, verstand aber nicht die Hälfte von dem, was der Priester sagte. Deshalb war sie aber nicht weniger gläubig. Das Abendmahl», fügte sie schmunzelnd an, «hat mir die Grossmutter übrigens als Mahnmal geschenkt, damit ich nicht im Stehen esse, sondern mir Zeit nehme. Wenn Jesus vor der Kreuzigung Zeit zum Essen hatte, wirst du das auch können, pflegte sie zu sagen.» Dies entlockte den Anwesenden ein Lächeln. «Gut, aber die Grossmutter hat zumindest gewusst, dass das Abendmahl mit der Kreuzigung zusammenhängt und nicht eine Truppe von antiken Politikern beim Businesslunch zeigt», gab der Sohn triumphierend zurück. «Das stimmt schon», erklärte Madame, «aber damit komme ich zum zweiten Punkt: Die Bedeutung von religiösen Symbolen ist doch nichts Fixiertes. Abhängig vom Kontext und der Darstellungsweise sowie vom Betrachtenden werden unterschiedliche Aspekte betont oder wichtig und sind verschiedene Lesarten möglich.» «Dem stimme ich zu!», mischte sich der Monsieur ein. «Natürlich eröffnen sich neue Perspektiven, wenn man etwa die Abendmahlszene im Handlungsverlauf der Evangelien einordnen kann oder die theologischen Diskurse,

3 Zur Definition von Religion als Symbolsystem siehe beispielsweise: Stolz 2004, auch Pezzoli-Olgiati 2008.

4 Komposition 10, Piet Mondrian, 1939–42, Öl auf Leinwand, 80 x 73 cm, Privatbesitz.

die damit verbunden sind, kennt. Aber auch ohne dieses spezifische Wissen funktionieren religiöse Symbole, weil sie eben polysem sind und einen Interpretationsspielraum bieten. Sie entwickeln sich fortwährend. Das hat jedoch nichts mit Beliebigkeit zu tun, sondern mit dem Kontext, in den sie und die Betrachtenden integriert sind und der bestimmte Lesarten nahelegt.» «Dann nutze ich diesen Interpretationsspielraum und fordere, dass wir das Abendmahl abhängen», erklärte die Tochter ernsthaft. «Als Katholikin assoziiere ich damit die Wesensverwandlung von Brot und Wein in Leib und Blut und als Vegetarierin ertrage ich den Gedanken nicht.»

So wurde ich einstimmig abgehängt und auf den Flohmarkt gebracht. Wie wenn ich ausgewählt hätte, was auf meiner Leinwand abgebildet wird. Nun hoffe ich darauf, dass Madame und Monsieur Recht behalten und «mein Motiv» gerade wegen der Präsenz von Religion in der Gesellschaft attraktiv auf potenzielle Käufer wirkt. Wer weiss, vielleicht hänge ich schon bald im Speisezelt des Everest-Basecamps mit dem Namen *One Last Time* oder ich diene als Pforte in die Vergangenheit in einem Fantasyfilm oder …

BIBLIOGRAPHIE

Pezzoli-Olgiati, Daria, 2008, Film und Religion. Blick auf Kommunikationssysteme und ihre vielfältigen Wechselwirkungen, in: Nehring, Andreas/Valentin, Joachim (Hg.), Religious Turn – Turning Religions. Veränderte kulturelle Diskurse – Neue religiöse Wissensformen, Stuttgart: Kohlhammer, 45–66.

Pollack, Detlef, 2012, Säkularisierung – ein moderner Mythos? Studien zum religiösen Wandel in Deutschland, Tübingen: Mohr Siebeck.

Stolz, Fritz, 2004, Religion und Rekonstruktion. Ausgewählte Aufsätze herausgegeben von Daria Pezzoli-Olgati et al., Göttingen: Vandenhoeck & Ruprecht.

Stolz, Jörg et al., 2014, Religion und Spiritualität in der Ich-Gesellschaft. Vier Gestalten des (Un-)Glaubens, Zürich: TVZ.

Stolz, Jörg/Ballif, Edmée (Hg.), 2010, Die Zukunft der Reformierten. Gesellschaftliche Megatrends – kirchliche Reaktionen, Zürich: TVZ.

Religion ist Redirektion *Pierre Bühler*

Die Anweisung, sozusagen der «Wegweiser», den ich für diesen Text mitbekommen habe, ist, von diesem Wegweiser-Bild her eine Definition von Religion zu formulieren. Von einem Bild zu einem Text also. Wohl nicht *definitiv*, aber doch *fines*, auf Lateinisch Grenzen, setzend, begrifflich eingrenzend. Die Herausforderung wird also sein, in der begrifflichen Eingrenzung etwas vom Interpretationsreichtum des Bildes kreativ, spielerisch aufzubewahren. Nun ist aber das Bild an sich eher etwas banal, wenn da nicht dieser Text stünde: ein Wegweiser, der den Weg zu Wegweisern weist. Durch diesen paradoxen Text erhält das Bild seine eigentümliche Stärke, die zum Interpretieren provoziert. Ich vermute, man wollte mich als Hermeneutiker in den Schmelztiegel dieser verschachtelten Paradoxien werfen, um zu schauen, ob sich meine «Kunst der Interpretation» bewährt oder nicht, in dieser Teufelsküche von Bild und Text, von Bild mit Text und bildhaftem Text, von Wegweisern, die auf Wegweiser verweisen, von entgrenzender Eingrenzung, und das alles erst noch mit Religion, von der die Religionswissenschaftlerinnen und Religionswissenschaftler immer wieder sagen, es gebe hunderte von Definitionen, und also eigentlich keine … Ich stelle mich dieser mir zugespielten Erprobung, als einem *Spiel* eben. Nebenbei enthält sie auch eine kleine Anerkennung: Man geht anscheinend davon aus, dass wer sich mit Religion befasst, nicht ohne die Hermeneutik auskommen kann. Aber lassen wir diesen *pro domo*-Holzweg, und kommen wir zum Wegweiser zurück.

Das französische *image* hat stark mit *imagination* zu tun, und so lassen wir Phantasie walten, lassen Assoziationen aufkommen. Das Bild weist auf die Verweisfunktion von Wegweisern hin. Es erinnert dadurch an eine alte Weisheit (sie soll aus China kommen): «Wenn der Weise auf den Mond zeigt, sieht der Idiot nur den Finger.» Unser Bild wäre also unweise, hätte etwas Idiotisches. Aber Idiotie kann kreativ sein, lässt auf weise Art Ungeahntes aufleuchten (vgl. Dostojewskijs *Idioten*, aber auch Cervantes' *Don Quijote*). Ungeahnt wäre etwa, was passieren würde, wenn auf den Wegweisern, die man nach zwei Minuten erreicht hätte, auch wieder «zu den Wegweisern» stünde, und auf den nächsten auch wieder, also stets von Wegweisern zu Wegweisern verweist würde. Hätte man dann Religion als Abdrift im Sinne von Derrida? Immer weiter weg: «weg!-weisende» Wegweiser …

Doch zurück zum Bild, das uns einiges mehr offenbart als die blosse Botschaft des Wegweisers. Diese Botschaft lässt sich kontextualisieren. Der Wegweiser steht in Alpthal, einer kleinen Ortschaft in der Nähe von Einsiedeln, im Kanton Schwyz, durch katholische Tradition geprägt. Auf 996 Meter, für die Schweiz nicht sehr hoch, aber auch nicht im Flachland. Irgendwo zwischen Flachland und Hochgebirge: Man kann sich eine hügelige Landschaft vorstellen. Der Name «Alpthal» weist jedoch darauf hin, dass die Wege auch zu schwierigerem Gelände führen könnten. Die gelbe Farbe weist auf Wanderwege, und nicht auf Autobahnen und Nationalstrassen. Es ist ein Wandergebiet, man ist zu Fuss unterwegs. Der Wegweiser gilt Wandernden, vielleicht *Das Wandern ist des Müllers Lust* singend. Vielleicht aber auch müde, eher an Last als an Lust denkend …

Der Weg zu den anderen Wegweisern geht anscheinend an einer Kirche entlang, die sich am linken Rand erahnen lässt, mit einem Kreuz auf dem Giebel. Fast scheint es, dass der Wegweiser auf dieses Kreuz verweist, obschon er es teilweise ebenfalls verdeckt. Halb verdeckend, halb hinweisend erinnert uns der Wegweiser daran, dass auf Wanderwegen in katholischen Gebieten immer wieder Kreuze zu sehen sind. Sie waren einst Wegweiser, und sind es vielleicht immer noch. Verweist unser Wegweiser auf Kreuze als Wegweiser? Es gibt in solchen Gebieten sogar Wege, auf denen in vierzehn Stationen der Weg Jesu ans Kreuz gegangen werden kann. Das Wandern gerät dann in die Nähe des Pilgerns, seines religiösen Verwandten. Aber zugleich in die Nähe einer anderen alten (anscheinend auch chinesischen) Weisheit: «Der Weg ist das Ziel.» Umso mehr als vom Wegweiser Jesus das wegweisende Jesus-Wort überliefert wird: «Ich bin der Weg und die Wahrheit und das Leben; niemand kommt zum Vater, denn durch mich» (Johannes 14,6). Und wenn er selbst der Weg zum Vater ist, dann muss auf diesen Weg hingewiesen werden. So spricht die katholische Tradition von Maria – dabei aber wohl die Kirche meinend – als einer *mediatrix ad mediatorem,* einer «Mittlerin zum Mittler hin». In diesem Sinne hat unser Alpthaler «Wegweiser zu den Wegweisern» durchaus etwas gut Katholisches an sich! Mit dem Unterschied zwar, dass da anscheinend auf viele Wegweiser verwiesen wird. Der Plural scheint der heute von Religionssoziologen und Religionssoziologinnen stark betonten Pluralisierung der religiösen Praxis geschuldet zu sein. Den auf ihren Lebenswegen wandernden Menschen bieten sich viele Wegweisungen an: Bilder, Texte, Symbole, Erzählungen, Rituale, Lieder, Gestalten, Institutionen, aus unterschiedlichen Traditionen, mit jeweils eigenem Gepräge.

Die Leser und Leserinnen werden gemerkt haben, dass wir durch spielerische Assoziationen progressiv in religiöse Deutungsmuster hineingeraten sind: Wandern als Pilgern, das Kreuz als Wegweiser, Maria als Wegweiser zum Wegweiser. Damit haben wir aber noch keine eigentliche Definition von Religion. Entscheidend ist von unserem Bild her: Menschen wandern auf ihren Lebenswegen, mal hinauf, mal hinab, mal steil, mal flach, Lust und Last erleidend. Menschsein ist so etwas wie Unterwegssein, nie am Ziel, oder nur provisorisch, weil der Weg das Ziel ist. Begleitet werden die Menschen seit jeher von Wegweisern, manchmal nur wenigen und manchmal verwirrend vielen, die einen schon ganz alt und andere, die ganz neu auftauchen. Religion gehört in diese bunte Wegweiser-Welt, verbunden mit der Verheissung, dass es auf diesen Lebenswegen nicht nur um Lust und Last, sondern um Wahrheit und Leben, um gelebte Wahrheit, um wahrgemachtes Leben geht.

Nun liegt in unserem Alpthaler Wegweiser noch eine Verdoppelung: Es ist der Wegweiser zu den Wegweisern. Diese Verdoppelung entspricht dem «Re» in «Religion», das auch verdoppelnd ist: Weil es ums Wandern geht, redupliziert Religion die Wegweisung. Sie wird nie zu einem Abstraktum, das an sich wegweisend wäre, als d*ie* Religion. Sie ist nur wegweisend, indem sie stets auf das hinweist, was in ihr in jeweiligem Gepräge wegweisend ist. Ein «Re-Wegweiser», also, wegweisend dadurch, dass sie den Weg zum Wegweisenden weist. Sie ist *Redirektion*. Und sie nimmt sich dabei zurück, macht sich nicht wichtig, sondern unwichtig, weil sie als Wegweisung zweiten Grades nicht sich selbst dient, sondern den Wandernden. Sie weist nicht in sich selbst ein, sondern sie weist ins Wandern in Wahrheit und Leben ein.

Um es mit einem klassischen «Text-Bild» zu sagen: In der Kreuzigung des Isenheimer Altars wäre Religion der grosse Zeigefinger von Johannes dem Täufer, aber samt der Selbstzurücknahme des begleitenden Bibeltextes (Johannes 3,30):

Illum oportet crescere me autem minui
Jener muss grösser werden, ich aber geringer.

Abb. 1: Ausschnitt aus dem Isenheimer Altar; Matthias Grünewald, 1506–1515.

Die Relativität des Religiösen *Jens Köhrsen*

Wer würde diesen Ort als religiös bezeichnen? Und warum sollte es sich überhaupt um einen religiösen Ort handeln? Ob wir den Ort als religiös bezeichnen, wird natürlich davon abhängen, was wir hier sehen. Wir sehen auf dem Bild eine Anhöhe, die wie ein Tisch aussieht und auf zwei runden Pfeilern steht. Dahinter und daneben befinden sich raue Steinwände. Auf der Anhöhe, die ein Altar sein könnte, stehen verschiedene Gegenstände. Es handelt sich um Engelsfiguren, Bilder (möglicherweise von Heiligen) und eine Holz- oder Steinfigur, die nicht klar zu identifizieren ist, bei der es sich aber um das Abbild eines katholischen Heiligen oder Jesus handeln könnte. Weiterhin sehen wir auf der Anhöhe eine Holzkonstruktion, der möglicherweise der untere Teil eines Kreuzes ist. In welchem Raum dieses Foto aufgenommen wurde, ist unklar und damit wirkt das Bild geheimnisvoll. Die rauen Steinwände verweisen darauf, dass sich diese Konstruktion möglicherweise an einem Berg oder in einer Gruft befinden könnte. Als weiteres Indiz wurde mir die Information gegeben, dass unter der Konstruktion auf einer Kartontafel geschrieben steht: «Hier ist ein Ort der stillen Anbetung + kein Ort der Entsorgng vielen Dank».

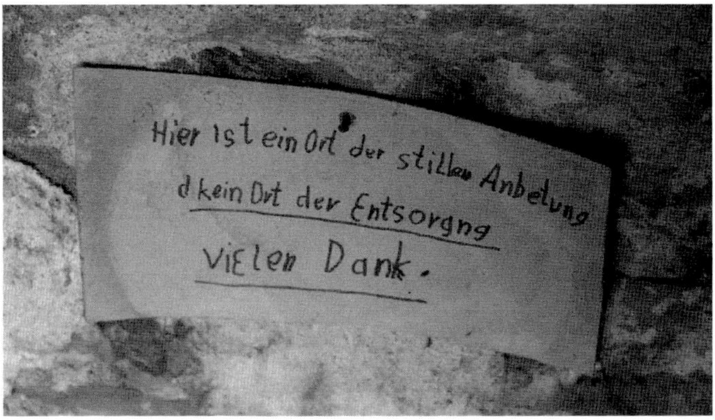

Meine Aufgabe ist nun, Religion anhand dieses Bildes zu definieren. Ist das, was wir auf dem Bild sehen, Religion? Und weiter gefragt: Wenn wir diese Frage nun bejahen oder verneinen, was sagt dies über unser Verhältnis zu Religion aus? Oder anders: Was können wir aus unserem Umgang mit der Frage, ob es sich um Religion handelt, über unser Verhältnis zum Religionsbegriff lernen? Alles deutet auf einen religiösen Ort hin: die Engel, das potenzielle Kreuz, die Bilder, der Schriftzug unterhalb des Bildes. Es ist schwer in diesem Kontext nicht von Religion zu sprechen. Aber wie kommen wir von diesen zum Teil nur halb-identifizierbaren Gegenständen zum Schluss, dass dies ein religiöser Ort sein müsse? Eigentlich sehen wir doch nur ein paar bestimmte Gegenstände und wissen von einem Satzfragment mit dem Wort «Anbetung». Diese lassen uns dann unmittelbar folgern, dass es sich um Religion handle. Wir bewerten diese Gegenstände also als Indizien für Religion, indem wir ihnen eine religiöse Bedeutung zumessen: Wenn wir sie sehen, assoziieren wir sie mit Religion, während andere Gegenstände wie etwa eine alte *Coca Cola*-Dose, ein Fahrradhelm oder ein Sack Kartoffeln uns nicht notwendigerweise an Religion denken lassen.

Welche Gegenstände wir als religiöse Gegenstände betrachten, wird von unserem Vorverständnis abhängen. Dieses ist durch unseren Kulturkreis geprägt. Dass wir wissen, welche Gegenstände religiös sind und welche nicht, ist Ergebnis unseres Sozialisationsprozesses in diesem Kulturkreis: Durch Schule, Eltern, Kirchenbesuche, Konfirmationsunterricht, Filme oder Freundeskreise wurde uns vermittelt, dass bestimmte Gegenstände wie Engel, Christuskreuze, Kirchen, Altare, Pfarrpersonen der Kategorie des Religiösen zuzuordnen sind. Ein ähnlicher Lerneffekt kann auch von dem beschriebenen Bild ausgehen. Auch hier wird eine Unterscheidung zwischen einem religiösen Ort bzw. «Ort der Anbetung» und einem nicht-religiösen Ort transportiert. Der Hinweis «Dies ist ein Ort der Anbetung, nicht der Entsorgung» verweist darauf, dass Orte der Anbetung von Orten der Entsorgung zu unterscheiden sind, also religiöse Orte keine Orte der Müllentsorgung sind. Falls uns diese Unterscheidung zwischen Orten der Anbetung und Orten der Entsorgung vorher nicht bekannt war, lernen wir sie spätestens beim Lesen des Hinweises.

Da wir im Zuge unserer Sozialisation erfolgreich gelernt haben bestimmte Gegenstände mit der Kategorie «Religion» zu verbinden, können wir nun selbst das Unterscheidungsschema von Religion/Nicht-Religion auf bestimmte Gegenstände anwenden. Häufig werden wir mit unseren Freunden und Verwandten, die in einem ähnlichen Kulturkreis sozialisiert wurden, darüber übereinkommen, welche Dinge religiös sind und welche nicht. Dennoch mögen wir uns in bestimmten Situationen uneinig sein, da das Vorverständnis von dem, welche Gegenstände nun religiös sind, nicht bei allen Beobachtern und Beobachterinnen identisch ist. So ist fraglich, ob Ausserirdische, die zuvor keinen Kontakt mit der irdischen Kultur hatten, die im Bild gezeigten Gegenstände als religiöse Gegenstände betrachten würden (und überhaupt ein Verständnis von Religion hätten). Ebenso würden Menschen aus anderen Kulturkreisen, die zuvor keinen Kontakt zur christlichen Religionskultur hatten, diese Gegenstände wahrscheinlich nicht als religiös betrachten. Dadurch, dass das christliche Religionsverständnis jedoch mittels moderner Medien (etwa in Filmen) weltweite Verbreitung gefunden hat, würden wir heute wahrscheinlich mit vielen anderen Menschen, selbst wenn sie aus nicht-christlichen Religionen und Weltregionen stammen, darin übereinkommen können, dass es sich bei dem Ort auf dem Bild um einen religiösen Ort handelt.

Das Verständnis von dem, was Religion ist und was es nicht ist, wird sich zwar zwischen Menschen aus verschiedenen Kulturkreisen unterscheiden, jedoch mag ein bestimmtes Grundverständnis von Religion dank der globalen Massenmedien heute weltweit präsent sein. So wird ein Bild des gekreuzigten Jesus wahrscheinlich von vielen Menschen unabhängig von ihrer eigenen Religion als Hinweis auf Religion gewertet. Dieses gemeinsame und weitverbreitete Vorverständnis von Religion können wir als den «Kernbereich des Religiösen» bezeichnen. Dieser bezieht sich auf jene Gegenstände, die von den meisten Menschen übereinstimmend als Religion beschrieben werden und damit relativ unumstritten als religiös gelten. Neben diesem Kernbereich gibt es jedoch einen sehr grossen «Unschärfebereich des Religiösen» mit vielen Gegenständen, bei denen sich Menschen darüber uneinig sind, ob sie nun als religiös oder nicht-religiös zu bewerten sind. So streiten Menschen etwa darüber, ob es sich bei bestimmten Praktiken (wie etwa Wünschelrutengehen) oder beim Kult um Fussballvereine und bestimmte Konsumprodukte (wie etwa Apple Inc.) um Religion handle. Bei der Kategorie des Religiösen gibt es also auch immer gewisse Unschärfen: Es scheint in unserem kulturellen Vorverständnis nicht klar und übereinstimmend festgelegt zu sein, wo das Religiöse beginnt und wo es aufhört. Potenziell kann vieles religiös sein.

Was wir letztlich sehen, ist die Relativität des Religiösen. Was Religion ist und sein sollte, unterscheidet sich, auch wenn es anscheinend ein sich global ausbreitendes Verständnis vom «Kernbereich des Religiösen» gibt. Diese Relativität des Religiösen wirft zwar einerseits grosse Schwierigkeit für Wissenschaftler auf, die sich mit Religion beschäftigen und schon immer im Voraus wissen möchten, was Religion eigentlich ist, damit sie ihren Forschungsbereich abstecken können. Andererseits bildet diese Vielfalt aber zugleich ein spannendes Forschungsfeld: Die vielfältigen Interpretationen des Religionsverständnisses und deren Implikationen für andere gesellschaftliche Bereiche (Religionspolitik) können untersucht und miteinander verglichen werden, um ein Verständnis für die Relativität des Religiösen entgegen der vereinheitlichenden Tendenz von Definitionen zu entwickeln. In diesem Sinne: Ob das auf dem Bild Abgebildete nun Religion ist oder nicht, werden Menschen unterschiedlich beantworten. Die wissenschaftliche Herausforderung besteht nun nicht darin, Religion entgegen (oder mit) den genannten Antworten zu definieren, sondern die Unterschiedlichkeit der Antworten dieser Menschen und das Verhältnis ihrer Antworten zu anderen Lebensbereichen (Sozialisation, Medienkonsum, soziale Schichtung, politischen Einstellungen) zu deuten.

Religion entfaltet sich *Léa Burger*

Warum haben alle Menschen, die ich kenne, eine Haltung gegenüber Religion? Ob im Positiven oder Negativen: Religion löst Emotionen aus. Wie kann ich das globale Phänomen Religion erfassen und gleichzeitig den unterschiedlichen kulturellen Ausprägungen von Religionen gerecht werden? Solche und andere Fragen waren Motivation genug, um mich nach der Matura fürs Studium der Religionswissenschaft einzuschreiben. Ich freute mich auf die Vorlesungen. Wie ein trockener Schwamm das Wasser saugte ich das dort präsentierte Wissen auf. Doch mit jeder Antwort eröffneten sich mir neue Fragen und grösserer Wissensdurst. In den Grundkursen zu den sogenannten Weltreligionen lernte ich Religion vor allem als Tradition kennen, in systematischen Lernveranstaltungen wurden die eigene Fachgeschichte und methodologische Ansätze vermittelt. Während die einen Veranstaltungen Praxisbezüge herstellten, weil etwa Glaubensbekenntnisse und Rituale im Fokus der Betrachtungen standen, setzten sich die anderen theoretisch mit Religion auseinander.

In meinem zweitletzten Bachelorsemester besuchte ich eine Vorlesung zum Thema Religion und Medien bei Daria Pezzoli-Olgiati. In dieser Veranstaltung wurde mir klar: Religion hat Platz in der Hosentasche, ist massgeschneidert und entfaltet sich per Druckknopf Schicht um Schicht. Wenn Religion nämlich, wie von Daria Pezzoli-Olgiati in Anlehnung an Clifford Geertz bzw. Fritz Stolz, in einem ersten Schritt als Symbolsystem definiert wird, stehen Symbole als Repräsentation eines religiösen Weltbildes im Mittelpunkt der Analyse.[1] Dies führt zu einer kommunikationstheoretischen Auseinandersetzung mit Religion, weil ein Symbol niemals isoliert, sondern immer in Verflechtung mit anderen Symbolen vorkommt. Aufgrund dieser Bezogenheit kann Religion schliesslich als Kommunikationssystem verstanden werden: Bedeutungszuschreibungen der Symbole werden in der sozialen Interaktion ausgehandelt und (re-)produziert. Dabei sind Medien als Vermittler unverzichtbar. Sie umfassen herkömmlich verstandene Medien wie Zeitungen oder Filme, aber und vor allem auch Bilder, Gemälde, Denkmäler, Architektur, Körper, Kleider oder andere materielle Ausdrücke von Religion. Wichtig zu berücksichtigen ist, dass Medien nicht bloss Bedeutungsvermittler sind. Da ihre Deutungsmöglichkeiten durch Konventionen zwar geregelt, aber niemals abschliessend kontrolliert werden können, besitzen sie eine Art Eigenleben und sind selbst wirkungsmächtig. Sowohl die Repräsentationsformen religiöser Weltbilder als auch die wissenschaftliche Untersuchung davon sollte daher immer auch dynamisch behandelt werden.

Was heisst das in Bezug auf obigen Gegenstand? Es können zum Beispiel seine Verwendung und Bedeutung untersucht werden, um Rückschlüsse auf das religiöse Weltbild seiner Nutzer und Nutzerinnen machen zu können: Aufgrund des handlich kleinen Formats (in geschlossenem Zustand 3 x 5,5 cm, geöffnet 3 x 13 cm) sowie des praktischen Materials Plastik liegt die Vermutung nahe, dass es sich um einen Gegenstand alltäglichen Gebrauchs handelt. Er ist einfach zu transportieren, leicht lässt er sich in der Hosentasche oder im Handgepäck verstauen. Dies ist vor allem dann wichtig, wenn Rituale nicht an einem dafür vorgesehenen Ort geschehen können. Zum Bei-

1 Vgl. Geertz 1987, 48; Stolz 2001, 33.

spiel wird ein sogenannter Reisealtar bei abenteuerlichen Busfahrten zum unverzichtbaren Utensil der religiös geprägten Bevölkerung: Er bringt dem Träger oder der Trägerin Schutz und Segen, während sie oder er auf Reisen ist und aus dem Rhythmus der alltäglichen Rituale herausfällt.

Nebst dieser bisher funktionalen Herangehensweise an den Reisealtar können weitere Aspekte untersucht werden: Wird das verschliessbare, handgenähte Täschchen aufgemacht, enthüllen sich ein Miniaturrosenkranz (grüne Perlen mit Silberanhänger), ein Stück Gebetstext (oranges Schriftblatt, mit einer Heftklammer angebracht) und unterschiedliche Heiligenbilder. Wenn davon ausgegangen wird, dass die Grösse eines Symbols dessen Wichtigkeit im Vergleich zu anderen unterstreicht, ist die Repräsentation der Mutter Gottes mit blauem Mantel und in anmutiger Gebetshaltung das wichtigste Heiligenbild dieses Faltaltars. Kein Wunder, denn in Mexiko wird die sogenannte *Virgen de Guadalupe* als Nationalheilige verehrt. Der Legende nach soll sie im Jahr 1531 dem Indio Juan Diego Cuauhtlatoatzin viermal erschienen sein. Heute steht am Ort der Erscheinung eine riesengrosse Basilika, und die ist wichtigster Wallfahrtsort Mexikos geworden. Wie zum französischen Lourdes pilgern jährlich abertausende Gläubige dorthin. Historisch gesehen hat die Marienerscheinung massgeblich zur Bekehrung der Mexikaner und Mexikanerinnen im Zuge der Missionierung durch die spanische Kolonialmacht beigetragen. Es wird vermutet, dass einerseits der Bezug zum Indio Juan Diego als Verbindungsmann zwischen der indigenen Bevölkerung und der katholischen Kirche sowie andererseits der Bezug der Guadalupe zu lokalen Gottheiten die Annahme der christlichen Religion unterstützt haben soll. Die wundersame Geschichte ist also auch Teil einer gesellschaftspolitischen Entwicklung, die mit Regulation und Macht verbunden ist. Und sie zeigt auf, wie unterschiedliche Kommunikationssysteme aufeinandertreffen und deshalb beispielsweise der Katholizismus heute in Mexiko ein anderer als in Italien oder auf den Philippinen ist.

Abschliessend kann gesagt werden, dass der Reisealtar ritueller Gegenstand innerhalb eines katholischen Symbolsystems ist und auf seine Schutzfunktion hin untersucht werden kann. Je nach Interesse kann er mit anderen Gegenständen einer katholischen Alltagspraxis verglichen werden. Der Faltaltar ist aber auch Repräsentant einer kulturspezifischen Religionsgeschichte, deren Aufarbeitung etwa für das

Verständnis der heutigen mexikanischen Gesellschaft wichtig ist. So könnte mit Hinzunahme anderer typisch mexikanischer Objekte weiter erklärt werden, warum etwa der dortige Totenkult in anderen, katholisch geprägten Ländern nicht oder kaum vorkommt und inwiefern er mit alten Traditionen des Landes zusammenhängt oder nicht. Diese kurze Skizze soll zeigen, dass nicht nur religiöse Weltbilder, sondern auch die wissenschaftliche Auseinandersetzung damit kontingent sind: Als Forscherin wähle ich mit meiner Forschungsfrage und dem damit verbundenen Interesse einen spezifischen Aspekte von Religion aus und definiere diesen wirkungsmächtig, insofern es die Herangehensweise an das Phänomen Religion bestimmt.

BIBLIOGRAPHIE

Geertz, Clifford, 1987, Dichte Beschreibung. Beiträge zum Verstehen kultureller Systeme, Frankfurt a. M.: Suhrkamp.

Stolz, Fritz, 2001, Grundzüge der Religionswissenschaft, Göttingen: Vandenhoeck & Ruprecht.

GRÜN

Gerd Folkers: Laktanz gegen Cicero   Konrad Schmid: Die toten Propheten und ihre verwahrlosten Gräber   Stefanie Knauss: Von der Religion leben   Roger Meier: Fahrzeugtuning als Gegenstand der Religionswissenschaft

Laktanz gegen Cicero *Gerd Folkers*

Welch eine Versuchung weht den (christlichen) Schreibenden an! Aus den Bestandteilen «Mensch», «Wasser», «Abgrund» und «Seil» Religion zu definieren scheint auf der Hand zu liegen. Balancierend auf einem Seil über anfangs grünen Wassern, deren zunehmend blaue Verfärbung steile Abgründe erahnen lässt, sucht ein junger Mann ans gegenüberliegende Ufer zu gelangen. Zwar sind die Gesichtszüge konzentriert, die Körperhaltung jedoch tänzerisch. Der Mann strahlt ein Grundvertrauen aus, in sich selbst und in das Seil. So wäre dann die Predigtmetapher bereit: Er ist das religare, das lateinische Verb für «zurückbinden», «aufbinden», «verbinden», welches sich zu Religion entwickelt. Ein Band, mit dem wir an Gott gebunden sind und das uns hilft, jedes gefährliche Wasser zu überwinden, solange wir seiner Stärke vertrauen.

Ein schönes Bild, nur leider falsch. Das Bild folgt einer christlichen Propagandaaktion des spätrömischen Schriftstellers Lactantius, oder in deutscher Form Laktanz, einem Kirchenvater und Verteidiger des Christentums, der um 300 nach Christi Geburt lebte. Laktanz bezieht sich auf einen der Religionsverbreitung völlig unverdächtigen Aufklärer, den berühmten Lucrez und sein Buch *De Rerum Natura*, das, um 50 vor Christus verfasst und mehr als 1000 Jahre unentdeckt, wahrscheinlich die Renaissance einleitete.[1] Lucrez, oder mit vollständigem Namen Titus Lucretius Carus, versucht sich von jedem «Bande» zu befreien, das die Religion seinen Gedanken und Handlungen anlegen könnte: «[…] *religionum animos nodis exsolvere pergo /deinde quod obscura de re tam lucida pango*». (I, 931–933) Zu deutsch: «Ich […] fahre rastlos fort der seelenbestrickenden Dummheit / Bande aufzulösen, enthülle der heiligen Wahrheit Dunkel.»[2] Dazu Laktanz: «*Credo nomen religionis a vinculo pietatis esse deductum, quod hominem sibi deus religaverit* […] *melius ergo (quam Cicero) id nomen Lucretius interpretatus est, qui ait religionum se nodos exsolvere*» (Institutiones divinae 4,28), lautet sehr frei übersetzt: «Ich glaube, dass das Wort Religion von diesem Band der Pietas abgeleitet ist, wodurch der Mensch sich mit Gott verbunden hat … deshalb hat es Lukrez besser (als Cicero) abgeleitet, der sagt, er löse sich aus den Fesseln der Religion.»

Der literarische Beweis des Laktanz für seine Interpretation der Entstehung und die Bedeutung des Wortes Religion überzeugte auch den grössten aller Kirchenväter, den heiligen Augustinus, wie sich bei Sarah F. Hyot in ihrem Aufsatz *The Etymology of Religion* (1912) nachlesen lässt. Von da an findet sich der entsprechende Eintrag in allen wesentlichen Lexika und Wörterbüchern. Bei Hyot lernen wir aber auch die alternative Interpretation kennen. Cicero wird bei Laktanz in Klammern gesetzt, als vernachlässigbar. Laktanz wagt aber nicht, den berühmten Staatsmann, Denker und Redner Cicero *nicht* zu erwähnen. Der glaubt nämlich – wieder nach Hyot –, dass Religion auf *relegere* zurückzuführen sei. Das würde man wohl mit «immer wieder lesen», «wiederholen» übersetzen. Diese Haltung ist typisch für Rituale, zeremonielle Wiederholungen, wie sie alle Religionen aufweisen. Damit erklärt sie die Herkunft des Wortes Religion natürlich viel besser. Ein religiöser Mensch wäre demnach jemand, der den Ri-

1 So beschreibt es uns jedenfalls Stephen Greenblatt in seinem Buch *Die Wende* (2012).

2 In der Übersetzung des quedlinburgischen Gymnasialrektors Johann Heinrich Friedrich Meineke, erschienen in Leipzig 1795.

tualen folgt, oft Texte und Übungen widerholt und so dieser Haltung sehr viel Zeit und Aufmerksamkeit widmet. Er ist jemand, der Regeln befolgt und achtet. Das wiederum verbindet die Religion mit einem anderen lateinischen Verb, nämlich *diligere,* was mit «etwas sehr schätzen», «achten» zu übersetzen wäre.[3]

Da denken wir modernen Menschen natürlich sofort an Firmenübernahmen und *start-up companies*, die eine *duediligence*-Prüfung über sich ergehen lassen müssen, bevor das grosse Geld kommt. *Due diligence* ist die «mit angemessener Sorgfalt» durchgeführte Buchprüfung eines Unternehmens, das an die Börse will oder übernommen werden soll. Wer wollte dem Vorgang die Religiosität absprechen? Die aus dem *relegere* und *diligere* abzuleitende mentale Fixierung auf einen Sachverhalt und die daraus folgenden Handlungen sind eine religiöse Haltung, denn sie bedingen auch einen tiefen Glauben, dass hinter der wiederholten Zeremonie ein Sinn steckt oder die Geschäftsbücher ein Abbild der Realität seien. Cicero hatte wohl recht mit seiner Ableitung des Wortes Religion. Es passt auch ganz gut zum Bild des Mannes auf dem Seil über dem Wasserfall, denn eine geistige Fixierung – darauf, dass er nicht runterfällt – und die daraus folgende Handlung – das Balancieren –, sind ihm ja wirklich nicht abzusprechen.

BIBLIOGRAPHIE

Belles Lettres, 2016, http://www.belleslettres.eu/artikel/religion-religare-relegere.php, abgerufen am 30.05.2016.

Greenblatt, Stephen, 2012, Die Wende. Wie die Renaissance begann, München: Siedler.

Hyot, Sarah, 1912, The Etymology of Religion, in: Journal of the American Oriental Society 32, 126–129.

Titus Lucretius Carus, 1795, Von der Natur. Ein Lehrgedicht in sechs Büchern, übersetzt und erläutert von Johann Heinrich Friedrich Meineke, Leipzig: Weidmannische Buchhandlung.

3 Ein wunderbarer Etymologie-Podcast zum Wort Religion findet sich auf Belles Lettres (2016).

Die toten Propheten und ihre verwahrlosten Gräber

Konrad Schmid

Das Absterben der Prophetie ist ein Thema, das bereits die Bibel beschäftigt hat. Die Propheten von Amos bis Maleachi, sie sind alle tot, und nach Maleachi stand kein weiterer kanonischer Prophet mehr auf. Schon in den späten Büchern des Alten Testaments wie auch in den Schriften des hellenistischen Judentums ist das Verlöschen der Prophetie in der frühpersischen Zeit ein Diskussionsgegenstand gewesen. Seit es keine lebendige Prophetie mehr gibt, ist man auf die Auslegung der Prophetenbücher angewiesen. Das galt schon für die perserzeitlichen und hellenistischen Formierungsperioden der Bibel und gilt umso mehr für die nachbiblische Zeit.

Trotzdem bleiben die Propheten selbst, auch wenn sie nun gestorben sind, faszinierende Gestalten. Man erinnert sich an sie, und ihre Grabstätten werden zu Pilgerstätten, auch wenn die Erinnerung hierbei oft kreativ ist. Von keinem der Propheten der Bibel ist historisch zuverlässig eine bestimmte Grabeslokalisierung belegt. Von Mose, der über allen Propheten stand, heisst es sogar, dass Gott selber ihn begraben habe und dass niemand sein Grab bis auf den heutigen Tag kenne (Dtn 34,6). Der Prophet Elia ist schon gar nicht gestorben, sondern in den Himmel hinaufgefahren (2Kön 2,11–12). Die Gottesunmittelbarkeit eines wahren Propheten zeigt sich so auch in seinem Tod. Gleichwohl hat sich die religiöse Phantasie aufgeholfen und legendarische Kultplätze der Verehrung toter Propheten geschaffen. Dass sie dabei nicht immer ganz erfolgreich gewesen ist, zeigt dieses Bild, das zwar den Lebensumständen mancher historischer Propheten angemessen sein mag, aber gleichzeitig darauf schliessen lässt, dass diese Grabstätten nicht die Aufmerksamkeit vieler frommer oder gar reicher Spender auf sich ziehen konnte.

Die Gräber der Propheten mögen als Sinnbild der Religion dienen: Sie sind etwas verwahrlost, doch geht von ihnen nach wie vor ein Reiz aus. Sie stehen für ein Geheimnis, das grösser ist, als das Erkenntnisvermögen des Betrachters oder der Betrachterin. Die Welt ist mehr als eine Assemblage von Stadt und Land, von Natur und Kultur, von Mensch und Tier. Da waren einmal Propheten, und durch sie – so will es jedenfalls die Tradition – hat Gott gesprochen. Die Welt ist mehr als die Summe ihrer Teile, sie ist transparent auf eine sie transzendierende Dimension. Mag sein, dass diese Dimension sich der Betrachterin oder dem Betrachter der Welt nicht mehr von selbst aufdrängt, aber sie war einmal aktiv in das menschliche Leben der Alten eingebunden, als es noch Propheten gab. Wer heute durch Jerusalem streift, mag zwar durchaus noch dem einen oder anderen selbsternannten Propheten begegnen, doch dekonstruiert sich dessen vermeintliche übernatürliche Legitimation oft schnell von selbst. Lebendige, aktuelle Prophetie beeindruckt selten, vor allem, wenn sie sich selbst explizit als Prophetie artikuliert. Aktuelle Prophetie ist wohl heute wie früher vor allem dann «prophetisch», wenn sie sich als dies im Nachhinein herausstellt (vgl. Dtn 18,15–18) – und nicht von vornherein selbst so gewandet.

Deshalb ist der selbst schon verrottende Hinweis auf die «Gräber der Propheten» wohl die angemessenere Versinnbildlichung von Religion als sich als Propheten aufspielende Enthusiasten, von denen es nicht nur in Jerusalem genug, wenn nicht sogar zu viele auf der Welt gibt. Kann man von diesem Bild zu einer Definition von Religion vorstossen? Nun, die Definitionsproblematik von Religion lässt sich auch in monographischem Umfang nicht abschliessend umreissen, so dass ein Versuch in diesem kleinen und beschränkten Rahmen ohnehin aussichtslos ist. Eine Definition von Religion lässt sich von diesem Bild her nicht entwickeln, wohl aber eine Ahnung ihres Gegenstandes: Die toten Propheten und ihre verwahrlosten Gräber zeigen zwar einen doppelten Abstand zum lebendigen Geist Gottes an, den die Prophetie für sich – zu Recht oder zu Unrecht – in Anspruch nimmt, doch es gibt sie, diese Dimension der Wirklichkeit, die über Messbares, Vorhandenes und Veränderbares hinausweist.

Von der Religion leben

Stefanie Knauss

Stellen wir uns vor: Ein kleiner Laden, irgendwo auf dem Land in Italien, Anfang Dezember. Im Moment ist es ruhig im Laden, und es entwickelt sich ein Gespräch mit der Besitzerin. So könnte es vielleicht klingen:

Mamma mia, ma che fare con tutti quei Gesù?? Jedes Jahr das gleiche – Anfang November werden sie geliefert, klein und gross, mit Stroh und Sackleinen, für jeden Geschmack ist da was dabei, und jedes Jahr frage ich mich, ob ich all diese Platten voller Christkinder je loswerden werde. Manchmal sind auch im Januar dann noch ein paar übrig, da hilft dann auch kein Rabatt mehr, da ist die Saison vorbei. Aber ich sag jetzt nicht, was ich mit denen dann mache, das klingt ein bisschen grausam, gell. Aber der Grosshandel nimmt sie ja nicht wieder zurück, was soll ich machen! Aber jetzt im Dezember ist natürlich Hochsaison für mich im Laden, das ist eine gute Zeit, ich mag's, wenn was los ist und die Kasse klingelt, wenn alle ihre Krippen für Weihnachten auf Vordermann bringen wollen – Christkind, Ochs und Esel, Maria und Josef, die Könige, Hirten und Schafe, zu einer richtig schönen Krippe gehört ja allerlei, manche wollen auch einen Stern, und wenn man dann die Figuren hinstellt und es dem Kind im Stall mit Stroh und Moos gemütlich macht, das ist doch fast, als wäre man dabei, da wird das doch ganz echt, was damals passiert ist in Bethlehem und warum wir das immer noch feiern, diese Texte, die so verstaubt klingen, die werden da richtig lebendig – mir ist das jedenfalls immer so gegangen, und ich glaube, deshalb kaufen das die Leute auch immer noch. Dieses kleine Kindchen, das im Kalten geboren wird, so armselig, das zerreisst einem doch das Herz, da können sich alle was drunter vorstellen, das sieht doch so aus wie unsere Kinder auch – obwohl, eigentlich eigenartig, jetzt, wo ich drüber nachdenke, bei uns werden ja die meisten Kleinchen dunkelhaarig geboren, aber das Jesus-Kind, das ist doch fast immer blond … Aber es ist ja schon wirklich süss, oder?

Moment, jetzt muss ich mal eben – da wollte jemand eins von den kleinen Jesus-Kindern mit Stroh drunter, da braucht man eigentlich gar keine kleine Krippe extra dazu, das geht so, praktisch, oder? Ja, was wollte ich sagen. Ach ja, wie wichtig diese kleinen Jesusse sind. Hier sind ja fast alle katholisch, nicht wahr, in Italien, das weiss man ja. Geht ja auch gar nicht anders, mit dem Vatikan mitten in Rom. Geht zwar nicht jeder am Sonntag in die Kirche, und ich muss sagen, wenn ich mal gehe und höre, was unser *prete* so sagt, da denk ich mir ja auch manchmal meins. Aber eine Krippe haben doch bestimmt alle – zum Glück, sonst würde ich ja auf meinen Sachen sitzen bleiben! – und ich behaupte das jetzt mal – ich glaube, die meisten wissen ja nicht, was *incarazione*, nein, *incarnazione* eigentlich genau heisst, bei uns im Dorf, wir sind ja keine Studierten. Aber diese Geschichte mit der Krippe, die kennen sie alle, die können sie alle erzählen, da wissen alle, um was es geht. Und das Fest dazu, die Geschenke, der Weihnachtsbaum, das gute Essen, der Gottesdienst, wenn alle zusammenkommen, das ganze Ritual – wenn ich sehe, wie alle so richtig in dieser Feier aufgehen, dann denke ich, das ist es, worum's bei der Religion geht, viel mehr, als den Katechismus auswendig zu lernen. Aber das dürfen Sie jetzt natürlich nicht dem Padre Giorgio weitersagen, gell, das ist nur unter uns!

Ja, jedenfalls. Ist schon eigenartig, wenn ich mir meinen Laden so anschaue. Ist ja eigentlich voll mit Christentum – ich hab die Christkindchen und alles, was zur Krippe dazu gehört, und dann kleine Marienstatuen – die werden auch gern gekauft, kann man auf den Nachttisch stellen, das sieht hübsch aus, ist ein gutes Geschenk für die Erstkommunion – und Rosenkränze, sowas verliert man ja auch immer gern, da kann man immer einen neuen brauchen, und die Weihwasserkesselchen – das ist jetzt eher für die Älteren, die hängen die neben die Tür, für einen Segen beim Rein- und Rausgehen, aber die Jungen machen das nicht mehr so. Die kaufen dafür meine Kerzen, aber ich will lieber nicht wissen, für was sie die anzünden! Im Grossen und Ganzen läuft mein kleiner Laden jedenfalls ganz gut, muss ich sagen, von der Religion kann man leben! Selbst jetzt, wo nicht mehr alle die alten Bräuche einhalten, aber so eine Maria oder eine Kerze, das ist ja auch was Schönes, das kann man haben, auch wenn die *immaculata concezione* nicht so wichtig ist – ist ja ein Feiertag bei uns, also zum Einkaufen ist das schon wichtig, so kurz vor Weihnachten –, das beruhigt und bestärkt, davon bin ich überzeugt, sowas brauchen Menschen einfach, das Leben ist ja wirklich chaotisch und schwierig genug. Und irgendwie ja eigenartig – meine Ware, ich geb's ja zu, da kommt vieles aus China oder Malaysien – ich weiss nicht, wo der Grosshändler das herkriegt –, das ist jedenfalls nicht alles vom Meister liebevoll von Hand gemacht, die Leute sollen sich's ja auch leisten können, bei uns wohnen keine Reichen. Und trotzdem – all diese kleinen Jesusse, da ist ja einer wie der andere, sagen wir's ehrlich, das ist Massenware, aber für die, die das Figürchen oder die Maria oder den Rosenkranz kaufen, ist es trotzdem was ganz Besonderes. Ich weiss gar nicht recht, wie das kommt. Vielleicht weil's ja mit dem Fest zusammen hängt und mit dem, was sie dann tun, wie sie zusammen feiern, die Geschichten, die sie erzählen, an was sie glauben, und wie gesagt, ich frag nicht nach, ob sie's auch genau so glauben, wie's der Katechismus sagt, das ist ja nicht meine Aufgabe hier.

Und das ist ja dann noch ein ganz anderes Thema, nicht wahr, der Glaube. Wenn ich mich in meinem Laden so umschaue, *tutte queste cose*, all diese Dinge, diese *Sachen*, davon sehen Sie hier ja nur einen ganz kleinen Teil, ich hab noch viel mehr in den Regalen und im Lager hinten raus – na, wenn Sie sich das anschauen und dann an Glauben denken, da fragt man sich ja schon, wie das zusammenhängt! Ich lebe natürlich von diesen Dingen, also, ich bin da nicht ganz unbefangen, aber ich glaube ja – ja, da haben wir's, der Glaube – also ich denke jedenfalls, dass die Überzeugungen von den Leuten eine Grundlage brauchen, wie was, an dem sie sich festhalten können – wie so eine Marienstatue oder einen Rosenkranz. Und auf der Grundlage kann sich dann mehr entwickeln und umgekehrt, die Statue ist noch mal was ganz Besonderes für die, die dran glauben. Also, das ist wie so ein Hin und Her. Oder vielleicht kann man's auch gar nicht richtig trennen voneinander. Aber dann gibt's eben auch die anderen, für die gehören die Statuen und die Krippe und Weihnachten einfach dazu, das ist einfach ein Teil von ihrem Leben, das ist vertraut und war halt schon immer so, und das ist doch auch interessant, wie das Religiöse – also, wie das einen Einfluss hat darauf, wie die Leute feiern und was sie essen und was sie in ihren Wohnungen aufstellen und wie sie sich was schenken, Glaube hin oder her – und das sag ich jetzt nicht nur, weil ich meine Jesusse ja noch verkaufen will!

Ja, da kann man schon ins Nachdenken kommen, oder? Wenn man sich die kleinen Christkinder anguckt! Wissen Sie, es ist ja auch nicht immer so viel los bei mir im Laden – im Dezember viel, ja, das ist jedes Jahr, und dann auf Ostern und wenn Erstkommunion ist, aber dann hab ich auch wieder Zeit zum Nachdenken, wenn ich all die Sächelchen abstauben muss, da kommt man richtig ins Philosophieren, nicht wahr. Aber natürlich, das sind jetzt halt meine Gedanken, ich bin ja nicht so gescheit wie Sie, Sie kommen ja von der Universität, gell? Na, da wissen Sie natürlich viel mehr und – nein, Sie halten das nicht für ein bisschen simpel, was ich gesagt habe? Ach, das sagen Sie jetzt ja nur so! Ja, wenn Sie meinen, dass Sie was brauchen können, dann dürfen Sie das natürlich – ich meine, ich weiss ja nicht, wer das lesen wollte – aber gut, gut, ganz wie Sie meinen, Sie wissen das am besten! Ja, natürlich, gern, doch, *è stato un piacere,* ich hab gern ein bisschen geplaudert! Wollen Sie nicht so einen kleinen Jesus? Oder die Hirten? Die sind doch auch schön! Die Schafe mag ich ja am liebsten mit ihrer Wolle, zum Kraulen. Ich kann Ihnen auch – ein Sonderpreis? Wirklich nicht? Haben Sie denn schon eine Krippe daheim? Ah, ja dann, na gut. Ja, ich wünsch Ihnen auch noch einen schönen Tag. Ja, danke, *buon natale* für Sie auch!

Fahrzeugtuning als Gegenstand der Religionswissenschaft

Roger Meier

Die Geschichte der Suche nach einer Religionsdefinition in der Religionswissenschaft ist gewiss eine unendliche. Entsprechende Versuche füllen mittlerweile ganze Einführungskapitel in die Disziplin, deren Existenz und Identität aufgrund des ausbleibenden Konsenses bisweilen gar in Frage gestellt wird. Aus diskurstheoretischer Perspektive soll und kann dieser Geschichte keine weitere Episode hinzugefügt werden – auch nicht im Rahmen dieses Beitrags. Vielmehr soll diese Verweigerung in Anlehnung an Michel Foucault in aller Kürze wissenschaftstheoretisch begründet werden, um dann knapp die Konsequenzen für die Gegenstandsbestimmung der Religionswissenschaft zu umreissen. Dabei lasse ich mich von folgender Frage leiten: Lässt es sich diskurstheoretisch begründen, warum antike griechische Religionen und ihre Mythen Gegenstand der Religionswissenschaft sind, aber Fahrzeugtuning nicht?

Foucault entfaltet in der *Archäologie des Wissens* (1973) eine konstruktivistische Theorie, die den Zugang zur Wirklichkeit *an sich* ausschliesst. Vermeintlich objektives Wissen und damit alles, was wir wahrnehmen, erfahren und fühlen, wird auf seine diskursive Konstruktion zurückgeführt. Wirklichkeit, so könnte man es auch formulieren, ordnet und konstituiert sich stets in der diskursiven Praxis. Diskurse sind veränderliche Wissensordnungen, die durch ihre Formationsregeln (Aussagen) systematisch die Gegenstände bilden, von denen sie sprechen. Der Mensch wird als Knotenpunkt oder Subjekt unterschiedlicher Diskurse verstanden, die ihm das entsprechende Denken, Sprechen und Handeln ermöglichen. Weil aber in der diskursiven Praxis immer auch festgelegt wird, was zu einer bestimmten Zeit an einem bestimmten Ort *nicht* gesagt, getan oder gedacht werden kann, lassen sich Diskurse auch als repressive Präsenz oder als Differenz dessen bestimmen, was sie nicht sind.

Was ausgehend von einem diskurstheoretischen Ansatz in der Religionswissenschaft somit interessiert, ist nicht, was Religion *ist*, sondern *wie* Wissen über Religion diskursiv organisiert wird, wie Religion von anderen Ordnungen (Nicht-Religion, Politik, Wissenschaft) abgegrenzt, zu ihnen in Beziehung gesetzt und dadurch objektiviert wird. Religionsdefinitionen können aus dieser Perspektive – im Sinne wissenschaftlicher Konstruktionen von Religion – zwar Gegenstand, nicht aber Werkzeug einer diskurstheoretisch ausgerichteten Religionswissenschaft sein. Sie sind Teil des Religionsdiskurses und tragen ihrerseits zur Ordnung und Konstitution der religiösen Wirklichkeit bei.[1]

Die Frage, ob Fahrzeugtuning eine Relevanz für die Religionswissenschaft hat oder nicht, liesse sich zunächst dadurch beantworten, dass man (s)eine Religionsdefinition herbeizieht. Wird Religion substantialistisch als die Verehrung von etwas verstanden, das für die Akteure von letzter, heiliger Bedeutung ist, könnte die ritualartige Hege und Pflege des getunten Fahrzeugs als religiöse Handlung betrachtet werden. Vertreter funktionalistischer Religionsdefinitionen hingegen würden die Analyse von Fahrzeugtuning unter Umständen dahingehend deuten, dass diese Handlung gemeinschaftsfördernd sei. Eine diskurstheoretische Antwort dagegen würde anders ausfallen: Fahr-

1 Vgl. Stuckrad 2013, 7 und 16f.; auch Neubert 2016, 32f. und 185f.

zeugtuning ist dann Gegenstand der Religionswissenschaft, wenn die damit verbundenen Handlungen in irgendeiner Weise mit der Wissensordnung Religion verflochten sind.[2]

Die Frage allerdings, die sich ein diskurstheoretischer Ansatz weiter stellen muss – will er sich nicht derselben Essentialismus-Kritik aussetzen, mit welcher sich Vertreter von Religionsdefinitionen allenthalben konfrontiert sehen – ist diejenige nach den Subjekten dieser Wissensordnung. Oder anders formuliert: Wer entscheidet eigentlich wann und warum, was Religion oder religiös ist? Sind es die Fahrzeugtuner selbst, die ihr Fahrzeug als heilig und die Pflege ihres Gefährts als Akt der Glaubensbekundung bezeichnen? Ist es die Religionswissenschaft, die das Phänomen beobachtet und entsprechend der jeweiligen Definition als Religion klassifiziert? Oder sind es überzeugte Religionsphänomenologen, die der Definition von Fahrzeugtuning als Religion ebenso widersprechen würden wie wohl die meisten Muslime, Juden oder Christen?

Hier zeigt sich meines Erachtens ein grundsätzliches Problem, mit dem sich diskurtheoretische Ansätze in der Religionswissenschaft bei ihrer Gegenstandsbestimmung auseinandersetzen müssen. Die Rede vom Religionsdiskurs und vom Gegenstand vermittelt die Vorstellung einer Einheit, die als solche sinnvollerweise nicht (re-)konstruiert werden kann. Unter der Prämisse, dass ein Diskurs nicht existiert, sondern vom Forschenden konstruiert und in seiner Konstruktion methodisch ausgewiesen wird, könnte man den Religionsdiskurs ebenso weiter ausdifferenzieren und von mehreren Religionsdiskursen sprechen, die sich gegenseitig und von anderen (nicht Religions-) Diskursen abgrenzen.

Dass antike griechische Religionen in die Zuständigkeit der Religionswissenschaft fallen, lässt sich durchaus begründen. Es wäre allerdings diskurstheoretisch herauszuarbeiten, inwiefern und wann sich der Adaptionsprozess des Religionsbegriffs in Bezug auf das ereignet hat, was als antike griechische Religionen untersucht werden soll. In einem weiteren Schritt könnten diese Religionen mit den geeigneten Methoden analysiert werden, wie es indirekt Frank Neubert vorschlägt.[3] Unweit schwieriger jedoch dürfte es sein, plausibel zu ma-

2 Dies in Analogie zu von Stuckrad, der sich die Eingangsfrage in Bezug auf Fussball stellt; vgl. Stuckrad 2010, 166.

3 Vgl. Neubert 2016, 185–189.

chen, warum Fahrzeugtuning Gegenstand der Religionswissenschaft sein sollte. Letztlich handelt es sich in beiden Fällen um Leerstellen, die in der diskursiven Praxis determiniert, in ihrer historischen Spezifität hervorgebracht und damit untersucht werden können.[4] Es mag für uns merkwürdig klingen, aber eigentlich lässt sich diskurstheoretisch kaum begründen, warum die Untersuchung hinduistischer Religionen eher etwas mit derjenigen antiker griechischer Religionen zu tun hat als mit Fahrzeugtuning.

Kocku von Stuckrad ist deshalb dahingehend beizupflichten, dass die Diskurstheorie die Grenzen der Disziplinen einreisst.[5] Ich sehe diesen Befund, der logischerweise für andere Disziplinen ebenso erhoben werden kann, allerdings nicht als Bedrohungsszenario der Religionswissenschaft, sondern als Chance. Zwar scheint ein diskurstheoretischer Ansatz die Legitimation des Faches ebenso wenig selbstverständlich zu gestalten wie die bisherigen Versuche, den Gegenstand der Religionswissenschaft via Religionsdefinition zu bestimmen. Konsequent angewandt und in seiner historischen Bedingtheit ausgewiesen, bringt er die Disziplin aber sicherlich im Sinne einer selbstkritischen, selbstreflexiven und interdisziplinären Wissenschaft weiter.

BIBLIOGRAPHIE

Foucault, Michel, 1973, Archäologie des Wissens, Frankfurt a. M.: Suhrkamp.

Neubert, Frank, 2016, Die diskursive Konstitution von Religion, Wiesbaden: Springer Fachmedien.

Stuckrad, Kocku von, 2010, Reflections on the Limits of Reflection. An Invitation to the Discursive Study of Religion, in: Method and Theory in the Study of Religion 22, 156–169.

Stuckrad, Kocku von, 2013, Discursive Study of Religion. Approaches, Definitions, Implications, in: Methods and Theory in the Study of Religion 25, 5–25.

4 Vgl. Stuckrad 2013, 16.

5 Vgl. Stuckrad 2013, 6.

SCHWARZWEISS

Die geschlossene Tür und der religionswissenschaftliche Blick

Bärbel Beinhauer-Köhler

Wir sehen die obere Hälfte einer weiss gestrichenen, etwas abgenutzten Tür. Im unteren Bilddrittel sind Klebereste einer früheren Beschilderung zu erkennen. Oben finden sich zwei Beschriftungen mit einer differenzierten Botschaft: zunächst klein und arabisch in einer etwas älteren Drucktype auf glänzendem Untergrund *musalla nisa'* (Frauengebetsplatz) und auf dem gleichen Schild die Übertragung ins Englische: *Female Prayer Area.* Das Schild darunter weist gross auf den Umstand hin, dass sich hinter der Tür die *Sisters section* befindet. Es trägt neben einem kleinen quadratischen Icon das usisoc.-Logo, dessen kaum lesbare Unterzeile verweist auf die Universität Sussex. Das moderne Schild steckt in einen altmodischen Rahmen aus Holzleisten, der eine Vorgeschichte der Raumnutzung erahnen lässt. Mehr sehen Betrachterinnen und Betrachter nicht. Die Tür versperrt den Blick nach Innen. Dies entspricht einer ihrer Funktionen. Sie soll die männliche Hälfte möglicher Passanten davon abhalten, durch diese Tür zu schauen oder gar zu gehen.

Dass jegliches Schauen mit Perspektiven, Interessen und Hintergrundwissen, ja einer ganzen Weltanschauung, zu tun hat, mag nun exemplarisch der Text aus dem Blickwinkel der Religionswissenschaftlerin verraten. Mit Religion hat die Tür im Bild aber nur mittelbar zu tun. Die Tür hätte keinerlei Bedeutung, stellen wir uns beispielsweise eine den Flur passierende Gruppe chinesischer nichtmuslimischer Gaststudenten vor, die den islamischen Frauengebetsraum gar nicht registrieren. Gleichermassen sind die Annäherungen der Forscherin an den Raum weniger durch sie selbst, als durch den Fachdiskurs über Religion gesteuert.

Dieser kreist seit einiger Zeit um religiöse Räume in der öffentlichen Wahrnehmung. Es geht um politische Aushandlungsprozesse zwischen Gesellschaftsgruppen und um kulturelle Identitäten vor Ort. Auch säkulare Universitäten stehen vor der Herausforderung einer religiös pluralen Studierendenschaft, die teils ein deutliches Interesse signalisiert, in der Universität ihrer Religion gemäss beten zu wollen. Die Homepage der Universität Sussex in Brighton verrät eine inklusivierende Politik im Umgang mit dieser Interessenvielfalt: Verschiedene Religionsgemeinschaften sind mit Hinweisen auf Gebetsräume oder -zeiten präsent.[1] Auf der Unterseite der muslimischen Studierenden wird auch das Akronym des zentralen Türschildes verständlich: usisoc. löst sich auf in University of Sussex Islamic Society.[2] Das quadratische Logo neben dem Schriftzug erscheint in der Vergrösserung auf der Netzseite als «orientalische» Arabeske, interessanter Weise mit einer in Indien glücksverheissenden Svastika-Struktur, die womöglich auf eine entsprechende Herkunft der Studierenden hindeutet.

Die Beschriftungen lassen nun einen innerislamischen Diskurs erahnen: Die neutrale, alle Musliminnen an der Universität einschliessende Kennzeichnung der Female Prayer Area wird fast verdrängt durch den Hinweis auf die Sisters section im Zusammenspiel mit dem usisoc.-Logo. Die dort assoziierten Studentinnen gebrauchen die egalitäre Bezeichnung der «Schwester». Julia Gerlach verwies in ihrer Studie *Zwischen Pop und Dschihad. Muslimische Jugendliche*

1 Vgl. Sussex 2016.

2 Vgl. Sussexstudent 2016.

in Deutschland (2006) auf die weit verbreitete, die internationale Umma betonende Vorliebe, sich als «Schwestern» oder «Brüder» anzureden. Die Tür wird somit aber nicht nur männliche Betende vom Betreten abhalten, sondern auch weniger einladend auf muslimischen Studentinnen und andere Muslimas ausserhalb von usisoc. wirken. Auch eine, etwa um Amina Waddud in den USA sichtbare, liberale Richtung, die das geschlechtergetrennte Gebet ablehnt, kommt hier offensichtlich nicht zum Tragen.

Doch das Foto zeigt nicht nur einen sozialen oder kulturellen Kontext auf, sondern es ist selbst Teil eines solchen. Es ist für die Lektüre des Beitrags wichtig zu wissen, dass das Bild selbst nicht unmittelbar den Blick der Autorin wiedergibt. Vielmehr wurde es ihr von einer Schweizer Doktorandin zur Verfügung gestellt, die es bei einer Erkundung der University of Sussex in Brighton fotografierte. Ihre Auskunft erhellt den Kontext des Frauengebetsraums noch in anderer Hinsicht. Für sie war frappierend, dass in der Nachbarschaft das zentrale Meeting House der Universität steht, ein gewaltiger, moderner architektonisch experimenteller Rundbau mit bunten Glasflächen zur Lichtzufuhr. Es ist der Ort der University Chaplaincy und ein mit Altar und Glasfenstern christlich konnotierter Sakralbau – wenn dieser auch gemäss der Internetselbstdarstellung für alle Religionen offen steht.[3] Auch dies ist eine nicht unübliche Strategie der Inklusion religiöser Vielfalt in einem gesellschaftlichen Feld, das durch christliche Kirchen dominiert wurde und wird. Im Vergleich mit diesem Arrangement erhält die Sisters section der Musliminnen eine neue Deutung durch die Fotografin. In einer Serie fängt sie die Asymmetrie der Religionsräume auf dem Campus ein. Der Ort des Frauengebetsraums erscheint in diesem Kontext noch mehr als eine Notlösung, die Tür lässt auf einen wenig charmanten Flur schliessen. Es handelt sich nicht um eine regelrechte, mit dem Meeting House vergleichbare Moschee, sondern nur um einen «Gebetsraum» oder eine *area*.

Bei aller fachgemässen Annäherung an den Raum: Wir stehen vor einer geschlossenen Tür. Religions- und islamwissenschaftlich geschulte Betrachterinnen und Betrachter werden dabei nicht zuletzt unfreiwillig an Muster des Orientalismus denken. Haremsassoziationen werden wach, wenn hinter einer verschlossenen Tür unzugängli-

3 Vgl. Sussex 2016.

che, Neugierde weckende Lebensräume von Frauen zu erwarten sind. Damit würden wir jedoch einer Überzeichnung islamischer Gendernormen aufsitzen. Regeln der Geschlechtertrennung werden in der Realität selbst in der Moschee vielfach gebrochen. Für muslimische Männer ist die Beschilderung vor allem ein Zeichen, nicht ohne Voranfrage einzutreten.

Kulturtheoretisch haben schon Cassirer und Benjamin den liminalen Charakter von Schwellen betont. Eine Tür steht in besonderem Masse symbolisch sowohl für die Möglichkeit der Grenze als auch des Durchgangs. Besucherinnen und Besuchern der Universität Sussex/Brighton wird somit empfohlen, an der Tür zu klopfen, Interesse anzumelden und sich selbst in Bild vom Geschehen hinter der Tür zu machen, welches die Nutzerinnen vermitteln mögen. Nur ihre Sicht kann die Bedeutung von «Religion» im Bild tatsächlich aufschliessen.

BIBLIOGRAPHIE

Beinhauer-Köhler, Bärbel, 2011, Gelenkte Blicke. Visuelle Kulturen im Islam, Zürich: TVZ.

Beinhauer-Köhler, Bärbel/Schwarz-Boenneke, Bernadette/Roth, Mirko (Hg.), 2015, Viele Religionen – ein Raum?! Analysen, Diskussionen und Konzepte, Berlin: Frank & Timme.

Gerlach, Julia, 2006, Zwischen Pop und Dschihad. Muslimische Jugendliche in Deutschland, Bonn: Bundeszentrale für politische Bildung.

Sussex, 2016, http://www.sussex.ac.uk/chaplaincy/othercentres, abgerufen am 30.05.2016.

Sussexstudent, 2016, http://www.sussexstudent.com/organisation/islamic, abgerufen am 30.05.2016.

Wohin gehst du? *Pascale Rondez*

An keinem Ort wohl werden die Deutungen von Leben und Tod so mit Händen greifbar, so spürbar auch in allem Gesagten und Ungesagten wie auf dem Friedhof. Auf dem Friedhof rücken Tod und Leben zusammen. Denn der Blick auf die Verstorbenen und ihr Leben im Licht des Evangeliums verändert auch den Blick der Lebenden auf das eigene Dasein und dessen religiöse Verortung.

Was Religion ist und was sie für diejenigen, die sie ausüben, bedeutet, möchte ich hier aus Sicht der Gemeindepfarrerin umreissen. Zu den Kernaufgaben meines Berufes gehört, dass ich Menschen beim Gang ans Grab eines Menschen, der ihnen nahe stand, begleite. Als Pfarrerin nehme ich dabei eine vielschichtige Rolle wahr. Die Wahrnehmung dieser Vielschichtigkeit gehört mit zur Aufgabe. Sie ist – im Rahmen meines Dienstes – Verkündigung, Bestattungsritual und Amtshandlung zugleich. In der Situation am Grab zeigen sich Grundzüge von Religion und ihrer Praxis. Ein Grundzug ist, dass sich auf dem Weg ans Grab Aussen- und Innenperspektive von Religion verschränken. Das Foto an einer Mauer beim Friedhof Stans, auf das ich mich hier beziehe, bringt dies wunderbar zum Ausdruck.

Da ist zunächst einmal die *Aussenperspektive:* Das Schild «Friedhof» richtet sich an die Lebenden. Trauerfamilie und Trauergemeinde suchen den Weg ans Grab und zum Versammlungsort der Trauerfeier. Die Lebenden sind nicht bei den Toten, sondern auf dem Weg zu ihnen. Der «letzte Gang» ist dabei ein Wegstück, bei dem die Toten getragen werden von den Lebenden. In die Erde werden die Urne oder (nur noch selten) der Sarg mit den sterblichen Überresten des Toten gelegt – «gebettet», wie es auch heisst.

Zugleich wird wohl allen Anwesenden beim Blick auf das Friedhofsschild bewusst, dass der Pfeil hin zur letzten Ruhestatt anders codiert ist, als dies etwa für eine Richtungsangabe im Strassenverkehr gilt. Hier zeigt sich die *Innenperspektive* von religiöser Erfahrung: Der Pfeil richtet sich zwar an die Lebenden, zugleich jedoch wird diesen bewusst, dass sich auch ihr Leben im Horizont von Endlichkeit und Tod bewegt. Die Situation betrifft mich existenziell über den konkreten und schmerzlichen Abschied von einem Menschen, der gestorben ist, hinaus. Der Pfeil weist eine Tiefendimension auf, die sonst keiner Richtungsangabe je zukommt. Wo sich Menschen im Rahmen einer Trauerfeier dieser Dimension der ganzen Situation, in der sie sich befinden, bewusst werden, brechen religiöse Fragen auf – unabhängig davon wie explizit oder implizit religiös sie diese für sich beantworten.

Mir als Pfarrerin kommt am Grab die Aufgabe zu, das Leben, das zu Ende gekommen ist, mit dem Evangelium in Bezug zu setzen, in dessen Dienst ich mich gestellt habe. Dies soll auf eine Weise geschehen, die für die Anwesenden im Hinblick auf *beide* Bezugsgrössen – das an sein Ende gekommene Leben und die jüdisch-christliche Tradition – Sinn und Bedeutung neu erschliesst. Damit dies geschehen kann, muss ich mich selbst von der eigenen Sterblichkeit betreffen lassen. Vom Tod und der Hoffnung, dass diesem das letzte Wort über das Leben am Kreuz endgültig entrissen ist, kann ich nicht sprechen, ohne mich selbst «unter» das Wort vom Kreuz zu stellen. Oder anders formuliert: Als Pfarrerin beziehe ich mich am Grab zuerst auf das Leben des Menschen, der gestorben ist, *sodann* auf das Evangelium, das zu verkündigen mir aufgetragen ist – und *letztendlich* kann ich kann dies nicht unter Absehung meiner eigenen Existenz tun.

Damit zeigt sich, was religiöse Erfahrung auszeichnet: Sie bringt eine existenzielle Dimension des Einzelnen und der Gemeinschaft ins Spiel. Religionsphilosophisch formuliert: Die Perspektive der 1. Person Singular (Ich) und 1. Person Plural (das «Wir» einer Glaubensgemeinschaft) ist unabdingbar. Hierin ist religiöse Erfahrung mit ästhetischen Erfahrungen vergleichbar (Matthias Jung, Erfahrung und Religion). Oder einfacher gesagt: Über das Friedhofsschild kann ich religiös nur reden, wenn ich die Differenz zu einem Strassenschild wahrnehmen und in Rechnung stellen kann, ganz ähnlich wie dort, wo sich mir ein Kunstwerk erschliesst. Wo das geschieht, bin ich nicht mehr in einer beschreibend neutralen Perspektive (3. Person), sondern in einer religiösen Perspektive (1. Person). Diese kommt ohne das «Ich» des Hörenden und des Sprechenden nicht aus. Denn religiös gelesen bedeutet das Schild eben auch, dass es allen Beteiligten die Endlichkeit des eigenen Daseins vor Augen führt. Der eigene Tod betrifft alle gleichermassen, welche Worte auch immer der Einzelne dafür findet. So gesehen ist die Rede am Grab der Prüfstein religiöser Rede. Dies macht ihre Würde, aber auch ihre ganze Verletzlichkeit aus. Sie ist auf Hörende angewiesen. Streng genommen ist sie eine «unmögliche» Rede, der nichts weniger als die Endgültigkeit des Todes entgegensteht.

BIBLIOGRAPHIE

Pascale, Rondez, Alltägliche Weisheit? Untersuchung zum Erfahrungsbezug von Weisheitslogien in der Q-Tradition, Zürich: TVZ.

Wer erklärt die Welt? *Peter Fischer/Brigitt Bürgi*

Jill Orr, Bleeding Trees 8, *1979*

«Bedeutung erzeugen im öffentlichen Raum des Museums»[1] – diese prägnante Äusserung stammt von Daria Pezzoli-Olgiati im Zuge ihrer exemplarischen Analyse unserer Ausstellung *Lebenszeichen. Altes Wissen in der zeitgenössischen Kunst*[2]. Indem sie einen Wandel des Museums von einem Bildungs- zu einem Erfahrungsort postuliert, bringt sie die Aufgaben des Museums des 21. Jahrhunderts auf den Punkt. Im Museumsraum «finden Erkenntnisse statt, dort kann ein Publikum gemeinsame kulturelle Werte und Modelle

1 Pezzoli-Olgiati 2015, 259. Unsere Übersetzung.

2 *Lebenszeichen. Altes Wissen in der zeitgenössischen Kunst/Signs of Life. Ancient Knowledge in Contemporary Art,* Ausstellung im Kunstmuseum Luzern, 14. August bis 21. November 2010, kuratiert von Peter Fischer und Brigitt Bürgi, Katalog im Kehrer-Verlag, Heidelberg.

mit seinen eigenen Vorstellungen verbinden.»[3] In einem komplexen Zusammenspiel teilen sich die Faktoren Kunstwerk, Künstler/Künstlerin, Kurator/Kuratorin, Institution Museum sowie Betrachter/Betrachterin «eine Vorstellung von Kultur, in der religiöse Symbolik einerseits überliefert, andererseits neu verhandelt und mit neuen Bedeutungen verbunden wird.»[4]

Dieser Beitrag möchte mit wenigen Bildern und Worten einen Eindruck davon geben, wie die bildende Kunst heute mit den (nur) ihr eigenen Mitteln etwas wirkungsvoll in die Welt zu setzen vermag. Dank des grundsätzlich ambivalenten Charakters der visuellen Kommunikation – die Bezeichnungskonventionen und Bedeutungskodes visueller Zeichen sind viel weniger eindeutig konnotiert als beispielsweise die Sprache – erzeugen Werke der bildenden Kunst ein weites Interpretationsfeld. Um darin Bedeutungen generieren zu können, braucht es nebst der auktorialen Leistung des Künstlers oder der Künstlerin einen weiteren schöpferischen Akt, nämlich eine aktive Rezeptionsleistung. Kurzum: Die Kunst erfüllt sich erst in ihrer Betrachtung. Diese wiederum findet in einem bestimmten Gebrauchszusammenhang statt, was heisst, sie benötigt einen konkreten Ort. Museen haben sich als solche Orte etabliert. Und sie besinnen sich mehr und mehr auf ihre gesellschaftliche Rolle als öffentliche Institutionen. Diese soll sich nicht nur im Sinne der traditionellen Museumsaufgaben in der Bewahrung des Kulturerbes und einem bildungsähnlichen Auftrag einer der Historie verpflichteten Wissensvermittlung erschöpfen, sondern auch darin bestehen, einen Ort des Diskurses zur Verfügung stellen, einen Ort, der Prozesse ermöglicht.

In diesem Sinne realisieren wir seit 2002 im musealen Kontext thematische Ausstellungen.[5] Im Zentrum stehen Themen existenzieller Dimensionen. Die Projekte leben von einer intensiven Zusammenarbeit mit zeitgenössischen internationalen Künstlerinnen und Künstlern sowie von einer emotionalen, intellektuellen, zum

3 Pezzoli-Olgiati 2015, 160. Unsere Übersetzung.

4 Pezzoli-Olgiati 2015, 160. Unsere Übersetzung.

5 So etwa die Ausstellungen im Kunstmuseum Luzern *Another World. Zwölf Bettgeschichten* (2002), *me & more* (2003), *A Kind of Magic. Die Kunst des Verwandelns* (2005), *Lebenzeichen. Altes Wissen in der zeitgenössischen Kunst* (2010) *sowie About Trees* (2015–2016) im Zentrum Paul Klee, Bern.

Teil auch schöpferischen Involviertheit des Publikums. Die Ausstellungen befördern das Verständnis für einen aktuellen künstlerischen Ausdruck als Beitrag zu einer Reflexion über Sein und Handeln in unserer Welt. Sie sind offen, undogmatisch und gleichwohl in hohem Masse politisch zu verstehen.

Aus religionswissenschaftlicher Sicht sind diese Projekte interessant, da sie mit religiösen Vorstellungen und im religiösen Kontext überlieferter Bildlichkeit arbeiten. Religion und die bildende Kunst sind ja seit je her in intensiver und wechselvoller Weise miteinander verbunden. Die Anfänge der bildenden Kunst lassen sich dort und dazumal vermuten, als der Mensch zu kultischen Zwecken nicht mehr nur Naturobjekte oder Alltagsgegenstände wie Werkzeuge, sondern erstmals speziell dafür hergestellte symbolhafte Zeichen – sei es in Form von Objekten oder bildlichen Darstellungen – verwendete. Früheste Funde sogenannter «Sphäroiden», laut Marie E. P. König mögliche «symbolische Kulturobjekte», datieren aus dem Altpaläolithikum vor etwa 300'000 Jahren. So fragt sich König, ob «wir mit ihnen die früheste Objektivierung der weltinterpretativen Grunderfahrung gefunden»[6] haben. Das symbolische Bild hat in der Verwendung durch die bildende Kunst seither als Instrument zur Vermittlung von Sinnzusammenhängen und zur Generierung von Bedeutung fungiert. Kein Wunder, waren die Religionen die bedeutendsten Inspirationsquellen für die Kunstschaffenden, ihre Institutionen unter deren wichtigsten Auftraggebern, sodass religiöse Inhalte und Gebrauchszusammenhänge die Entwicklung der Kunst in allen Kulturen massgeblich geprägt haben. Die Kunst löst sich erst mit dem Beginn der Moderne, d. h. im Verlaufe des 19. Jahrhunderts, aus ihrem Auftragsverhältnis. Die Künstlerinnen und Künstler bestimmen fortan frei über Form wie Inhalt ihrer Werke. Sie werden zu unabhängigen Interpreten im Konzert der Welterklärer, sodass ihre Bedeutung gegenüber den anderen Instanzen der sich in Auflösung befindenden Trias von Wissenschaft, Religion und Kunst zunimmt.

2015 haben wir für das Zentrum Paul Klee unter dem Titel *About Trees*[7] eine Ausstellung realisiert. Anhand des tief in der Kultur-

6 König 1973, 32.

7 *About Trees*, Ausstellung im Zentrum Paul Klee, Bern, 17. Oktober 2015 bis 24. Januar 2016, kuratiert von Peter Fischer und Brigitt Bürgi, Katalog im Snoeck-Verlag, Köln.

geschichte des Menschen verankerten Motives des Baumes interessierten wir uns für die Bedeutsamkeit des Symbolhaften in der Gegenwartskunst. Die Ausstellung versammelte Werke von mehr als dreissig Künstlerinnen und Künstlern aus allen Kontinenten, darunter zahlreiche Arbeiten, die speziell für den Anlass geschaffen wurden. Ein interdisziplinäres Veranstaltungsprogramm liess Fachleute aus den unterschiedlichsten Wissensgebieten zu Wort kommen,[8] eine Publikumsaktion mit dem Titel *Der Baum und Ich* lud dazu ein, persönliche Baumgeschichten zu einer öffentlichen Baumgeschichtensammlung beizutragen.

In der Verwendung von tradierten Bildmotiven und dem kulturgeschichtlich aufgeladenen Symbol des Baumes als Äquivalent für das Leben haben die Werke das Publikum sowohl emotional wie auf der Ebene eines gemeinsamen kulturellen Selbstverständnisses angesprochen. Die Bedeutungszusammenhänge können und sollen sich natürlich nicht vom aktuellen globalen, herausfordernden Kontext unserer Zeit lösen lassen, und gleichwohl waren die Werke weit davon entfernt, im Sinne einer Handlungsanweisung oder gar eines moralischen Kodexes klare Botschaften auszusenden. Im Gegenteil: Sie eröffneten ein weites, vieldeutiges, ja nicht selten widersprüchliches, also durchaus der Komplexität der heutigen Welt angemessenes Feld möglicher Interpretationen. Und dass auffallend viele der beteiligten Künstlerinnen und Künstler sich selbst in irgendeiner Form ins Werk setzten, hebt einerseits ihre Ernsthaftigkeit und Glaubhaftigkeit hervor, zieht andererseits die Betrachterinnen und Betrachter ins Werk hinein und macht sie zu Komplizen, zu Betroffenen. Mit derartigen Strategien erweisen sich die zeitgenössischen Kunstschaffenden als Schöpfer von modellhaften Werken, welche die Welt nicht erklären, sondern sie vielmehr befragen.

8 In der Reihe «Zu Gast bei Peter Fischer im ZPK-Wald» begrüsste der Direktor des Zentrum Paul Klee auch Daria Pezzoli-Olgiati für ein öffentliches Gespräch zu ausgewählten Kunstwerken und der Vertiefung religionswissenschaftlicher Themen.

Abb. 1: Blick in die Ausstellung About Trees *im Maurice E. Müller-Saal des Zentrum Paul Klee, Bern.*

Die von Renzo Piano entworfene 1700 Quadratmeter grosse, bis zu 11 Meter hohe Ausstellungshalle des Zentrum Paul Klee versahen wir mit einem sakralen Grundriss, um ihn als frei begehbaren, intuitiv erlebbaren Erfahrungsraum auszugestalten. Um ein 40 Meter langes «Mittelschiff» herum reihten wir eine Anzahl intimer seitlicher Kabinette, in denen in konzentrierter Atmosphäre einzelne Themen abgehandelt werden konnten. Als permanent von fast allen Orten des Raumes sichtbare «Folie» brachte Paul Morrison an der 20 Meter breiten Stirnwand eine Wandmalerei an. Davor installierten wir eine Skulptur von Ugo Rondinone, der einen 2000-jährigen Olivenbaum in Aluminium abgegossen hatte (*wisdom? peace? blank? all of this?*, 2007). Im Vordergrund rechts das Gemälde *Der Schläfer* (2014) von Valérie Favre und die skulpturale Installation *White Snow Loving Forest, Female* (2011) von Paul McCarthy.

Abb. 2: Ana Mendieta, Tree of Life, *1976.*

Die in Kuba geborene, 1961 als 13-Jährige in die USA emigrierte Ana Mendieta hat Bilder, kultische Handlungen und Glaubensvorstellungen der *Santería* ihrer kubanischen Heimat in den 1970er-Jahren in einen avancierten zeitgenössischen künstlerischen Ausdruck überführt. Als Fotografien performativer Selbstinszenierungen in der Natur verkörpern ihre Werke Resultate ihrer Suche nach Identität, nach dem «Ursprung», wie sie selbst es nannte.

Abb. 3: Berlinde De Bruyckere (vorne) mit ihrer Assistentin beim Aufbau ihrer Skulptur After Cripplewood IV.

Die hauptsächlich aus Wachs und Stoff gefertigten Skulpturen von Berlinde De Bruyckere vermitteln das Wesenhafte ihrer Motive. Die fragmentierten Körper von Menschen, Tieren oder wie hier in der Skulptur *After Cripplewood IV* (2014) von Bäumen zeugen in ihrer Materialität und latenten Versehrtheit von existenziellen Grunderfahrungen wie beispielsweise der Leidensfähigkeit. Entsprechend empathisch werden die «Objekte» von ihrer Schöpferin behandelt und «gepflegt».

Abb. 4: Shinji Turner-Yamamoto bei der Vorbereitung seiner Installation Axis mundi *im Mittelhügel des Zentrum Paul Klee.*

Im Rückgriff auf den Topos des *arbor inversa* hängte Shinji Turner-Yamamoto eine Birke mit vergoldeten Wurzeln kopfüber in den öffentlichen Bereich des Zentrum Paul Klee. Alle Besucherinnen und Besucher der Ausstellung passierten beim Betreten der Ausstellung dieses Werk, beziehungsweise vervollständigten, wenn sie direkt darunter standen, für einen kurzen Moment diese hängende Weltachse.

Abb. 5: Merijn Bolink demonstriert seine Skulptur Nature Sucks.

Merijn Bolink erläutert Idee und Entstehungsweise seiner Skulptur *Nature Sucks* (2006), die er aus einem einzigen Ast geformt hatte. Aufgrund ihrer extremen Ambiguität installierten wir diese Arbeit gegen den Schluss der Ausstellung. In der Tat vermochte sie das bereits auf die Kunst und das Thema eingestimmte Publikum herauszufordern und diente sozusagen als Beleg des Vermögens der Kunst, einen Prozess der Bedeutungsgewinnung anzuregen.

Abb. 6: John Isaacs neben seiner Skulptur Thinking About It, *2002.*

In einem Künstlergespräch äussert sich John Isaacs zu seinen Quellen, beispielsweise dem im Mittelalter als Symbol für Wissen stehenden Motiv des aus einem Frauenkopf spriessenden Baumes. In der Konfrontation des Werkes mit dem leibhaftigen Künstler wird erst deutlich, was es heisst, dass Isaacs die Modellierung dieses Kopfes mit dem zur Hälfte gehäuteten Gesicht als Selbstbildnis ausgestaltet hat.

Abb. 7: Blick auf eine der zwei gegenüberliegenden Projektionen der Videoinstallation Tooba *von Shirin Neshat.*

Wir haben vom musealen Ausstellungsraum als Erfahrungsraum gesprochen. Besonders bei installativen Arbeiten definiert aber das Werk selbst schon einen Erfahrungsraum. Die Künstlerinnen und Künstler bedenken bei der Konzeption ihres Werkes die Rolle des Betrachters, den sogenannten «impliziten Betrachter», sodass sie dessen Rezeption leiten. Die auf zwei gegenüberliegenden Wänden eines verdunkelten Raumes abzuspielende Projektion der Zweikanalvideoinstallation *Tooba* (2002) von Shirin Neshat ist – abgesehen von ihrer archetypischen Bildlichkeit – nur schon von ihrer rezeptionsästhetischen technischen Anlage her eine Metapher für eine Welt, die aufgrund ihrer Disparität unmöglich mit einem Blick zu fassen ist.

BIBLIOGRAPHIE

Fischer, Peter/Bürgi, Brigitt, 2015, About Trees, Köln: Snoeck.

Fischer, Peter/Bürgi, Brigitt, 2010, Lebenszeichen. Altes Wissen in der zeitgenössischen Kunst/Signs of Life. Ancient Knowledge in Contemporary Art, Heidelberg: Kehrer.

König, Marie E. P., 1973, Am Anfang der Kultur. Die Zeichensprache des frühen Menschen, Berlin: Ullstein.

Pezzoli-Olgiati, Daria, 2015, Imagining Religion in the Public Space. Religious References in Contemporary Art, in: Daria Pezzoli-Olgiati (Hg.), Religion in Cultural Imaginary. Explorations in Visual and Material Practices, Baden-Baden: Nomos/Zürich: Pano, 253–278.

Roh und gekocht

Paola von Wyss-Giacosa

Die Aufnahme zeigt in einer Vitrine kleine, schwarze Objekte. Es sind, wie eine Tafel informiert, «Totenkopfnudeln» – im vorderen Bereich einzelne, in wirksamem Kontrast auf dem hellen Boden verteilt, im Hintergrund ganz viele, gefasst in einem durchsichtigen Plastiksack mit der Aufschrift «Museum». Enthalten sind darin 250 Gramm Pasta, der Preis beträgt Euro 6,50. Wie soll man diese Sonderanfertigung deuten? Wahrscheinlich wurden die essbaren Schädel in Zusammenhang mit einer Ausstellung eingekauft, als musealer Marketing-Gag. Meinen sie vielleicht eine scherzhafte Warnung vor dem lebensgefährlichen Konsum von Kohlenhydraten? Oder stellen sie eher eine ironische Formel dar, eine preiswerte Ermunterung, sich den Tod einzuverleiben, um ihn besser zu verdauen? Das in den feilgebotenen Nudeln repräsentierte Motiv des Totenkopfs entstammt einer langen Tradition sinnstiftender religiöser Symbole und ist stark konnotiert, ein greifbarer Stimulus zur Reflexion über Vergänglichkeit. Die schwarze Pasta ist, ob gekauft und mit nach Hause genommen oder, wie hier, im Medium der Fotografie dokumentiert, im eigentlichen Sinne ein Souvenir, eine sichtbare Erinnerung an einen Moment, einen Gedanken, eine Absicht.

Die Aufforderung, anhand dieses Bildes Religion zu definieren, regt entsprechend vielfältige Assoziationen an, denn in gewissem Sinne ist sie überall, die Religion, und mag menschliche Erfahrung in Raum und Zeit mit Bedeutung aufladen. Sie ist ein Orientierung bietendes Kommunikationssystem, in existenziellen Situationen des Lebens ebenso wie im harmlosen Alltag – auch in der Betrachtung der Auslage eines Shops. Die Totenkopfnudeln sind ausgestellt in einer Museumsvitrine: Religion, so könnte man den Gedanken bei Betrachtung der Aufnahme weiterspinnen, ist ein unsere Welt bestimmendes Kulturgut par excellence, kann und soll gesammelt, untersucht und dargestellt werden. Auch die Re-Produktion, Kommerzialisierung und Verbreitung bedeutungsvoller Zeichen, hier vorgeführt in elegant durchsichtiger Verpackung, ist sinnfällig: Das Geschäft mit Religion ist seit jeher ein lukratives Unterfangen. Religion ist Ökonomie für ganze Gesellschaften und für den Lebensunterhalt Einzelner, für dies- und jenseitige Güter.

Die Museums-Pasta ist als Totenkopf geformt: Der Schädel mit gekreuzten Knochen ist ein bekanntes Warnsignal, er bedeutet Gefahr an Leib und Leben. Wir kennen das Motiv, weiss auf schwarzem Stoff, als «Jolly Roger», als Erkennungszeichen von Seeräubern und damit jener Bedrohung, die mit dem Überschreiten von Sphären einhergeht, von physischen und gesellschaftlichen. Als bisweilen geisterhafte Akteure auf Totenschiffen sind Piraten notorische Grenzgänger und repräsentieren in manch einem Narrativ auf unheilvolle Weise eine jenseitige Welt. Die Flagge der Gesetzlosen – unmittelbar vor dem Entern gehisst – markiert das nunmehr Unentrinnbare, Unausweichliche, den bevorstehenden Übertritt in den Tod. Ikonographisch steht sie allerdings auch in einer altehrwürdigen Tradition devotionalen, kontemplativen Ausdrucks: Der menschliche Schädel ist als Objekt und Abbild innerhalb der sozio-kulturellen Praxis vieler Völker präsent. Er ist ein drastisches, wohl das konfrontativste aller Symbole und soll warnend auf die Fragilität und Flüchtigkeit des irdischen Lebens verweisen, auf seine Endlichkeit. Zugleich soll es als Erinnerung und Unterstützung dienen, als mahnende Aufforderung zu einer bewussten Lebensführung, zur spirituellen Erbauung und zu einer notwendigen Auseinandersetzung mit den letzten Dingen.

Unterschiedliche Repräsentationsformen anzuregen und zu vermitteln, Angebote zu formulieren, um das Unkontrollierbare, Unfassbare erträglich, lebbar zu machen, dies gehört zu den wesentlichen Aufgaben von Religion und zu den zentralen Erwartungen, die Menschen an sie herantragen. Totentanz, Reliquien, Beinhäuser, Grabmonumente, Requiem, Schädelschalen, Schrumpfköpfe, Schmuck – der menschliche Schädel als Chiffre für das Sterben, für diese existenzielle Dimension menschlicher Erfahrung, hat weltweit zu schauerlich ergreifenden Schöpfungen angeregt. Gefragt sind Erklärungsmodelle zu Immanenz und Transzendenz, zu Dies- und Jenseitswelten. Je nach Sprach- und Kulturkreis, je nach Weltbild, sind sie eher zeitlich oder räumlich gedacht. Sie sollen helfen, liminale Bereiche zu erkunden und zu überwinden. Sie sollen es ermöglichen, Handlungsräume zu gestalten, und sie sollen eine Hilfestellung bieten, als Mensch damit zurecht zu kommen, dass das Leben nicht kontrollierbar ist, dass es Grenzen gibt, die man nicht selber setzen kann und doch erfahren muss. Wenn der Totenkopf in diesem Zusammenhang als äusserst krudes Zeichen des Endes erscheint, repräsentiert er zugleich doch auch als auf Erden sichtbares, greifbares Objekt eine versöhnliche Dimension, eine Möglichkeit, wie sich Leben und Tod scheinbar begegnen und berühren können, eine Aufforderung, die irdische Form nicht als das Letzte zu begreifen, sondern weiter zu sehen.

Religion gründet auf der ständigen Präsenz des *memento mori*, verinnerlicht den Gedanken an die Sterblichkeit. Wesentlich ist ihre performative, soziale Dimension, die multimediale Inszenierung von Ängsten und Fragen. Man gibt ihnen ein Gesicht, einen Körper und hofft sie auf diese Weise schauen zu können, sie in den eigenen Erfahrungsbereich zu holen. Die Totenkopfnudeln aus dem Museumsshop kann man sich gar in den Kochtopf holen, man kann sie zubereiten und verspeisen. Das ist kein Einzelfall – in Mexiko etwa gibt es am *día de los muertos*, einem Fest zu Ehren der Toten, Schädel aus Zucker, Marzipan und Schokolade zu essen. So wie beim Kochen sind auch in der Religion Transformationsprozesse zentral, die Verwandlung von Rohem, unverdaulich Natürlichem, in Gekochtes, kulturell Zubereitetes. Religion ist durch Nahrung bestimmt –

durch irdisches Essen und himmlisches Brot. An besonderen Tagen im Jahr wird vielerorts in Friedhöfen gegessen, auf den Gräbern, als Erinnerung an den Tod und als Erinnerung an die Toten, im Sinne eines immer wieder neu bestätigten Verhältnisses, einer Gemeinschaft: das Essen mit Jenseitigen als Lebensvollzug, als verpflichtende Einbindung der gesamten Welt.

Das Rohe und das Gekochte – diesen Titel gab Claude Lévi-Strauss dem ersten Band seiner *Mythologica*. Der französische Ethnologe verweist darin auf die dem Mythos innewohnenden binären Strukturen und Oppositionen, wie unverändert-verändert oder Natur-Kultur, in letzter Instanz aber verweist er auf einen Transformationsprozess, der nötig ist zum Erhalt der Einheit, nötig, um sich als Mensch in ein Verhältnis zur Welt zu setzen. Der Ursprung des sozialen Lebens liegt im Gefühl begründet, sich mit dem Anderen, mit dem Gegenüber, zu identifizieren, das Rohe und das Gekochte zusammenzuführen.

William Blake's Illustrations of the Book of Job

Christopher Rowland

Fig. 1: The first of the twenty-two illustrations of the Book of Job by William Blake.

What follows is a definition of religion in which habit and convention, is challenged and in constant dialectic with fresh insights on life and relationships. This is informed by a pair of images by the English artist, poet and visionary, William Blake (1757–1827).

William Blake's *Illustrations of the Book of Job*, a set of twenty-two engravings (including the title page), were completed a few years before his death in 1827. They are based on watercolours Blake painted for Thomas Butts twenty years previously. Blake's distinctive form of biblical commentary is found in twenty-one images, surrounded by marginal biblical references. The sequence epitomises his theological thinking. His reading picks up on references to dreams and visions in the Book of Job, which break through the conventional and habitual in religion is of crucial importance. When Job utters the words «I have heard of thee by the hearing of the ear: but now mine

Fig. 2:
The last of the illustrations of the Book of Job by Blake.

eye seeth thee» (Job 42,5), vision has for Job become the defining moment, and for Blake a key way of understanding the book as a whole. Beneath the first image is a quotation from the Book of Job: «Thus did Job continually.» This was Job's problem, habit and dependence on what he had received (Job 1,5). What Job needed to learn was, to use Blake's words, which themselves echo words of John Milton, that «the daughters of memory» must give way to the «daughters of inspiration», and cease to be in thrall to convention and habit (Milton wrote that inspiration was not «to be obtained by the invocation of Dame Memory and her Siren Daughters, but by devout prayer to [the] eternal Spirit», *Reason of Church Government,* Preface to Book II).

At the top of the first image, are the opening words of what Christians know as the Lord's Prayer, «Our Father which art in heaven, hallowed be thy name» (Matthew 6,9). The words are written in what seem to be clouds and suggest an emphasis on divine transcendence, which Blake questioned. Indeed, in several of the images in the sequence God is depicted in heaven often with an open book on his lap, just as Job and his wife are in the first image depicted here on the left. Job's illumination and redemption comes when he comes to understand that what is at the heart of religion is «God with us», and «in us» on earth, and the practice of the forgiveness of sins.

The Book of Job was a means whereby Blake criticised a theology which places supreme value on what is found in a holy book and to promote vision and imagination. The latter is a religion, moreover, in which experience, not uncritical acceptance of the wisdom of tradition, is the motor of theological and ethical change. Visionary imagination can cleanse «the doors of perception» (*The Marriage of Heaven and Hell,* 14, E39) thereby weaning the religious away from simplistic theological nostrums such as that if one acts justly and accepts received wisdom one will be rewarded. Blake presents Job as a pious «man of the book», righteous in terms of the Law. Blake's understanding of Job's redemption focuses on two key texts: «I have heard thee with the hearing of the Ear but now my Eye seeth thee» (Blake's version of Job 42,5 in the *King James Bible*), and so «the Lord turned the captivity of Job when he prayed for his friends» (42,10). The first demonstrates an epistemological, the second an ethical, change.

The return in the final image of the series (Fig. 2) is to a state in some ways similar to that shown in the opening of the series (Fig. 1). In the second, the musical instruments are off the trees in the hands of all those in the original image. The books have gone to be replaced by more occasional and less weighty scrolls. Job dwelt in a place of captivity. Like the Jewish exiles in Babylon, who hung their harps on the tree, Job and his family did not know how to sing the Lord's song in a strange land (Psalm 137,2–4; cf. the painting of the opening verse of Psalm 137, By the Waters of Babylon, 1806: Fogg Museum, Harvard, where instruments hang on the tree).

Blake criticised a pattern of religion that has at its centre scriptural literalism and devotion to a transcendent deity. In the middle of the first image are quoted words from 2 Corinthians 3,6: «the Letter Kills, but the Spirit gives Life», and the words «It is Spiritually Discerned» come from 1 Corinthians 2,14, one text stressing the need to move beyond the letter of the text and the other stressing the inspiration rather than dogmas, prescriptions, and books.

In the Job engravings Blake returned to a theme which he had set out in one of his earliest illuminated books *All Religions are One* (Principle 5, E1)[1]: the fundamental religious experience on which all religion is based is the «Poetic genius» or «the Spirit of Prophecy». Job had to learn that «if it were not for the Poetic or Prophetic character, the Philosophic and Experimental would soon be at the ratio of all things & stand still, unable to do other than repeat the same dull round over again» (*There is No Natural Religion,* Conclusion, E3). «Repeating the same dull round over again» is what Blake sees Job doing in the first plate; as a result of his experience Job becomes one who «sees the Infinite in all things» (E3).

There are three characteristics which constitute Blake's view of religion the necessity for giving proper place to the «Poetic or prophetic Character» and the practice of the forgiveness of sins, and the priority of the imaginative rather than the prescriptive. Blake regarded the first as a characteristic of all, in any religion and as the necessary component of change. Without it religion is static locked in the past and unable to perpetuate anything but the same dull round. An all too familiar story.

The second, the forgiveness of sins, picks up a central element of the central prayer of the Christian tradition; Forgive us our debts as we forgive those who are indebted to us. Blake's words in Jerusalem 61,25, «If you Forgive one-another, so shall Jehovah Forgive You: That He Himself may Dwell among You» echo these words as well as the following explanatory words in Matthew 6,14–16 indicate this (cf. Matthew 18,15–20). The human practice of the forgiveness of sins is the key to any kind of religion and indeed belief in God. It parallels other passages in the Bible, where appropriate human action towards others is the key to whatever religion and theology means. Deeds are what count not words, and that includes theological words (1 John 3,18 cf. Matthew 25,40–45). I see Blake picking up something which is key to religion, echoing much that is also in the Jewish and Christian tradition: if religion is not primarily about altruism and engagement with «the Other», it is nothing.

1 E = Blaha 1988 /ed. by Erdmann); number = page refernce.

Thirdly, what I have written here does not pretend to be anything more than a perspective on Blake's designs. Blake wished to invite a «Spectator to enter into his Images in his Imagination approaching them on the Fiery Chariot of [their] Contemplative Thought» (*Vision of the Last Judgment;* E560). All his work is executed and designed to «rouze the faculties to act» (Blake's Letter to Trusler, 1799, E702), whether they be faculties of experts or amateurs. All can read and «to enter into his images in his Imagination discern their ‹minute particulars›». The construal of the relationship between images and between texts and images is an imaginative act on the part of the viewer/reader. Blake's annotated drawings of Job's story opens the thought put into the designs to offer intellectual spaces for participative imaginative engagement, in order that the reader can create their own response or reading. Such variety and difference can take place in communities where the practice of the forgiveness of sins is central.

BIBLIOGAPHY

Rowland, Christopher; 2010, Blake and the Bible, London: Yale University Press.

Blake, William, 1988, The Complete Poetry and Prose of William Blake, edited by David V. Erdman, Berkeley: University of California Press.

Other electronic resources for the Job series:

The Blake Archive: http://www.blakearchive.org/exist/blake/archive/work.xq?workid=bb421&java=no, accessed on 20.02.2017.

The Yale Center of British Art: http://collections.britishart.yale.edu/vufind/Record/3643601, accessed on 20.02.2017.

ROSA

Hans Weder: Zürich im Fenster Marie-Therese Mäder: Die Zuckersahnetorte als religiöses Symbol und Ritual Dolores Zoé Bertschinger: Die Geschichte von Lady Gaga, Slavoj Žižek und dem Einhorn Jacqueline Grigo: Fulla erklärt uns die Religion

Zürich im Fenster *Hans Weder*

Der Baum wächst hinauf gegen den Himmel, wo unzählige Milchstrassen und dunkle Löcher seit Milliarden von Jahren ihr Dasein fristen. Der Kirchturm zeigt zum Himmel, zu dem – so sieht es der christliche Glaube – vor einer kleinen Weile der Christus aufgefahren ist. Die Silhouette des Baumes ist wie ausgefranst, die Zweige strecken sich nach vielen Richtungen aus – ein Bild des Zufälligen und gleichsam Unentschlossenen. Klar und eindeutig auf den Himmel ausgerichtet ist die Silhouette des Kirchturms. Von Menschenhand ist der Kirchturm gemacht, einen Baum zu produzieren jedoch ist nicht in der Reichweite menschlicher Hände.

Der Baum steht – winzig – in der Welt, in den Weiten des Universums; als solcher steht er zugleich *für* die Welt, für das, was kein Mensch machen kann, weil es schon gemacht ist. Von keiner Menschenhand gemacht fordert der Baum das menschliche Wissen-Wollen heraus, die Erkenntnis, die nach allen Regeln der Kunst von Menschen gewonnen wird. Die menschliche Vernunft produziert eindrückliches Wissen, auch über den Baum vor unseren Augen. Sie erhält Einblick in die physikalischen Gesetze, welche die Statik des Baumes bestimmen, in die biologischen Voraussetzungen, welche dem osmotischen Druck zugrunde liegen, in die photochemischen Gegebenheiten, welche den Baum Energie gewinnen lassen aus dem Licht der Sonne. In summa: Das Wissen um das nicht von Menschenhand machbare Wachstum ist ein Produkt menschlicher Vernunft.

Der Kirchturm steht – von Weitem sichtbar – auf dem Erdboden und also unter dem Himmel; als solcher steht er zugleich *für* den Himmel. Von Menschenhand gemacht deutet er zum Himmel, dem Reich der Kreativität, die keinem Menschen verfügbar ist und dennoch lebenswichtig. Der Kirchturm bezeugt die Existenz menschlicher Religion: So sehr es zutrifft, dass diese vom Menschen gemacht ist, so sehr richtet sie ihren Sinn ganz auf das schlechthin Unverfügbare. Die Entdeckung des Heiligen war es wohl, die den Menschen zum Menschen hat werden lassen; in gewissem Sinne ist sie das Werk seiner Hände, Produkt seiner kulturellen Kreativität, aber als solche stösst sie auf das Heilige, auf das Unantastbare, den kreativen und unvordenklichen Ursprung allen menschlichen Machens. Um Entdeckung geht es, nicht um Erfindung.

Der Baum, der das Wissen herausfordert, steht neben dem Kirchturm, welcher von menschlicher Religion Zeugnis ablegt. Das Nebeneinander ist spannungsreich und zugleich vielversprechend. Die Vernunft hat die Tendenz alles zu begreifen und insofern alles in den Griff zu nehmen. Sie kann ein Wissen produzieren, das die Dinge überwältigt, statt sie zu verstehen. Wenn sie sich vernünftig mit Religion beschäftigt, kann sie aufmerksam werden darauf, dass auch das Begriffene dem Zugriff entzogen ist, weil es, so restlos enträtselt es sein mag, ein Geheimnis in sich birgt und mit Achtsamkeit behandelt werden will. Die Religion hat die Tendenz, über das Göttliche verfügen zu wollen und insofern dessen Unantastbarkeit und Entzogenheit zu verkennen. Sie kann einen Glauben hervorbringen, der keine Geheimnisse mehr achtet. Wenn sich der Glaube ernsthaft auf das Wissen einlässt, ahnt er etwas vom grossen Geheimnis, welches der Baum auf dem Erdboden birgt. Und er wird dabei erst recht aufmerksam auf das grössere Geheimnis des Himmels.

Es gehört zum Wesen der Vernunft, dass sie niemals enden kann mit der Produktion des Wissens. So häuft sie Wissen über Wissen an, produziert Wolkenkratzer des Wissens, in welchem die Dinge der Welt, selbst die Bäume, zum banalen Fallbeispiel verkommen; und indem sie die Banalisierung der Dinge vorantreibt, wird sie selbst banal. Wenn sie sich vernünftig mit Religion beschäftigt, wird sie aufmerksam auf die Bedeutung der Dinge, auf das Gewicht, das die Welt hat. Der Baum erschliesst sich als Denkmal jener Kreativität, welche alles durchwaltet und das menschliche Dasein trägt. So ambivalent das Wachstum sein mag, welches der Baum verkörpert – auch der Krebs lebt vom Wachstum –, so sehr ist ihm jene Kreativität eingebildet, die das Reich der Himmel kennzeichnet. «Von selbst bringt die Erde Frucht hervor ...» (Mk 4,28). Es gehört zum Wesen der Religion, dass sie sich in den Himmel flüchten möchte, um dem weltlichen Gemenge von Destruktivität und Kreativität zu entrinnen. Wenn sie sich aber auf das einlässt, was über den Baum gewusst wird, bleibt sie auf dem Erdboden, wo jener steht und wo er ein Bild göttlicher Kreativität werden kann. Das auf solche Weise vertiefte Wissen verankert den Glauben auf dem Boden der Welt.

Die Vernunft hat, mindestens seit der Aufklärung, die Tendenz, in den Vordergrund der Welt zu bannen, was immer sie bearbeitet. Für ihre Arbeit an der Erkenntnis des Wirklichen ist es zwar zweckmässig, die Dinge rein aus sich selbst zu verstehen, den Baum als physikalisches, biologisches, photochemisches Wesen zu erkennen. Dass damit alles Nötige über den Baum gesagt ist, wäre aber eine abgründige Annahme. Deren Abgründigkeit würde die Vernunft erkennen, wenn sie sich vernünftig auf Religion einliesse. Sie würde aufmerksam darauf, dass im Baum mehr zu sehen ist, als unsere Schulweisheit sich träumt. Die Religion kann sich in den Himmel versteigen, sie kann so stark geblendet werden vom gleissenden Licht des Heiligen, dass die Lichter der Welt verblassen. So sehr sie auf die Gottheit konzentriert sein muss, so sehr muss sie deren Wahrheit auch in dem Bild suchen, welches im Wissen über den Baum Gestalt annimmt. Dann würde die Religion erkennen, dass auch vom Himmel mehr zu sagen ist, als unsere Schulweisheit sich träumt. «There are more things in heaven and earth, Horatio, then are dreamt of in your philosophy.» Der Baum wächst empor zum *sky,* der Kirchturm zeigt zum *heaven*. Jeder bereichert die Botschaft, die der andere dem eindringlich Fragenden und geduldig Hörenden gewährt.

Baum und Kirchturm, beide gespiegelt in einer Glasscheibe; die Klarheit des Turms leicht verbogen, die Verästelungen des Baumes leicht verwischt. Vielleicht ein Hinweis darauf, dass wir jetzt alles «in einem Spiegel, in rätselhafter Gestalt» (1Kor 13,12) sehen. Zwei rätselhafte Gestalten sind sie, der Baum und der Kirchturm, und dennoch machen beide auf je ihre Weise aufmerksam auf ein Geheimnis dessen, was vor Augen ist.

Die Zuckersahnetorte als religiöses Symbol und Ritual

Marie-Therese Mäder

Zu Beginn dieses Essays stellt sich die offene Frage: Wie kann anhand von Torten erklärt werden, was Religion ist? Ich würde erst einmal grosszügig-optimistisch antworten: Ganz einfach. Wie dies möglich ist, wird über den heuristischen Weg mittels des Spielfilms und einer semio-pragmatischen Analyse veranschaulicht werden, in die die Autorin distanzlos involviert ist. Der erste Teil der Überlegungen untersucht einerseits die Torte als religiöses Symbol im Kontext des Übergangrituals einer Hochzeit. Der zweite Teil, die Pragmatik, soll auf den Verwendungszusammenhang von Torten hinweisen, wobei hier im Speziellen auf die identitätsstiftende Form der Tortenschlacht in unterschiedlichen Kontexten eingegangen wird. Diese symbolische und pragmatische Dimension der Torte hat in diversen Spielfilmen, vom Autoren- bis zum Hollywoodfilm, Eingang gefunden.

Das erste Beispiel ist der mexikanischen Film *Como agua para chocolate* von Alfonso Arau aus dem Jahr 1992, in dem die Hochzeitstorte eine Schlüsselfunktion in der Erzählung einnimmt. Tita bäckt die Hochzeitstorte für ihre Schwester unter Tränen, da es ihr selber nicht erlaubt ist zu heiraten, obwohl sie ist schwer verliebt ist in Pedro und er in sie. (Abb. 1).

Abb. 1–3.

Doch Tita soll als jüngste Tochter ihre Mutter im Alter einmal pflegen und deshalb eben ledig bleiben. Die Gäste brechen nach dem unmittelbaren Verzehr der eindrücklichen Torte (Abb. 2) unkontrollierbar in Tränen aus (Abb. 3). Tita realisiert, dass sie mit ihren Kochkünsten die Gefühle der essenden Gäste kontrollieren kann. Die Torte fungiert in dieser Filmsequenz einerseits als die Vermittlerin von Gefühlen. Doch nicht nur das. Die Torte wird andererseits zum Mittel, Unkontrollierbares, in diesem Fall die Gefühle (von Tita), in Kontrollierbares zu überführen. Das heisst, wer von der Torte isst, fängt an zu weinen, wer keine isst, wie dies bei Tita der Fall ist, bleibt zufrieden. Ausserdem erkennt die Protagonistin anhand des Gebäcks, dass sie Kräfte besitzt, die es ihr erlauben, über die Gefühle der anderen zu bestimmen. Die Torte ist also ebenso ein Symbol für die Erkenntnis der Existenz einer höheren Macht, die eben Unkontrollierbares in Kontrollierbares überführen kann.

Von der symbolischen soll nun das Augenmerk auf die rituelle Funktion ebendieses Backwerks am Beispiel von Tortenschlachten gerichtet werden. Gerade in diesem Zusammenhang wird die materielle-körperliche Dimension von Torten ins Zentrum gerückt. Die beiden Filme *The Battle of the Century* (Clyde A. Bruckman, US 1927) und *The Great Race* (Blake Edwards, US 1965) bieten sich dazu an, da die jüngere Produktion auf die ältere und deren Protagonisten, das Komikerduo Laurel und Hardy oder Dick und Doof, wie sie im deutschsprachigen Raum genannt werden, verweist. Der Stummfilm in Schwarzweiss ist nur noch als Fragment vorhanden. Der andere Film *The Great Race* mit dem erprobten Schaupielerpaar Tony Curtis und Jack Lemon, bekannt aus *Some Like It Hot* (Billy Wilder, US 1959), ist eine Komödie in Farbe und Ton sowie mit vielen Slapstickelementen. *The Great Race* rühmt sich der längsten Tortenschlacht in der Filmgeschichte und *The Battle of the Century* als die früheste noch erhaltene Tortenschlacht im Film. (Eine solche aus den frühen Zehnerjahren ist verschollen. Schon hier fällt eine Parallele zur Religionsgeschichte auf, bei der die Quellenlage oftmals prekäre Züge aufweist). Die Schlacht in der Farbfilmproduktion findet gleich im Anschluss an die Krönungszeremonie des nicht nur fiktiven, sondern auch vermeintlichen Königs von Karpanien in Salzburg in der Kathedrale statt. Der zukünftige Monarch, ein verblödeter, mittelalterlicher Herr, versteht kein Wort von dem, was der Kardinal in lateinischer Sprache, die Krone über seinem Kopf haltend, spricht. Der religionskritische Blick auf den Exzess und die Degenerierung der kirchlichen Macht und der Monarchie kann als bedeutungsvolles Vorspiel zur nachfolgenden Zuckersahnemehlspeiseschlacht verstanden werden. Gleich nach der Krönung durch den Bischof wird der falsche Monarch nach Eintritt in die Zucker-Bäckerei kopfvoran von der aufgehenden Tür in die Megatorte gestossen (Abb. 4).

Das ist der Anfang vom unheilvollen Geschehen, das von nun an seinen Lauf nimmt. Jede weitere eintretende Person wird ohne vorherige Ermahnung mit einem klebrigen Wurfgeschoss begrüsst. Ausser natürlich der durchtrainierte Tony Curtiz, der es schafft, auf Kosten von Natalie Wood auszuweichen, die dann die Sahne ins Gesicht kriegt. Das ist eigentlich schon fast eine Ausnahme, denn die binären Geschlechterdifferenzen werden auch in Tortenschlachten einseitig sexualisiert dargestellt: Bei Frauen fliegt die Torte auf Busen oder Po, von dem in diesem Beispiel wohl wegen dem ansehnlichen Dekolleté der Schauspielerin, das man nicht gleich schon zu Beginn mit Schlagsahne zudecken wollte, abgesehen wurde (Abb. 5).

Bei Männern zielt das geschlechtsspezifische Pendant beim ersten Wurf, der ja immer auch der effektivste ist, auf das Gesicht, respektive den Schnauzer oder den Bart, da bleibt die Schaumkleberei auch besser hängen. Mehr oder weniger aus Zufall, Fehlwürfen oder Rachetrieben sind schliesslich alle anwesenden und eintretenden Personen

Abb. 4.

Abb. 5.

Abb. 6.

aktive Teilnehmende an der Schlacht, was gleichzeitig einen wichtigen Wesenszug des Rituals darstellt. Die Teilnahme, der Eintritt, die Initiation ist individuell, doch innerhalb kurzer Zeit werden die Individuen in diesem gemeinsamen, grenzüberschreitenden Ereignis einander näher gebracht (Abb. 6).

Im Stummfilm *The Battle of the Century,* dem zweiten Beispiel, wird das identitätsstiftende Ritual mit einem schon bekannten Element eingeführt, nämlich dem Ausrutschen auf einer Bananenschale (Abb. 7), worauf sich der geschädigte Bäcker am vermeintlichen Verursacher, Oliver Hardy, mit einem Tortenwurf ins Gesicht rächt.

Und gleich schon folgt der verfehlte Wurf – von Oliver auf den Bäcker – der dann auf dem Hintern (Abb. 8) und im zweiten Anlauf auch noch im Gesicht einer eleganten Dame (Abb. 9) platziert wird, von dort auf den frisch geputzten Schuhen eines weiteren Unschuldigen landet, der wiederum mittels Gegenwurf darauf antwortet und so fort.

Die Out-Group wird zur In-Group, die unschuldig Beworfenen werden zu schuldig Werfenden und schon grenzt sich eine klar erkennbare Gemeinschaft von der Aussenwelt ab (Abb. 10).

Zusammenfassend lässt sich also festhalten, dass Torten am Beispiel des erwähnten Spielfilms einerseits als religiöses Symbol zu verstehen sind, das die Kontrolle über die Gäste und die Existenz einer höheren Macht während einer religiös konnotierten Feier signalisiert. Anderseits sind fliegende Zuckersahnemehlspeisen auch als ein religiöses Ritual mit exzessiven Zügen zu lesen. Das Ereignis schafft ein Gefühl von Gemeinschaft und Zugehörigkeit, bei denen die Teilnehmenden mittels präzis strukturierten Abläufen Zusammenhalt finden und sich auf diese Weise vor allem räumlich deutlich von der sahnefreien Umwelt abgrenzten. Der Eingang in die In-Group geschieht nicht immer ganz freiwillig, die Weitergabe der – von Aussen oftmals schwierig zu erfassenden, da auf Überraschungseffekten beruhenden – rituellen Tradition jedoch umso leidenschaftlicher. Diese kurzen und bruchstückhaften metatheoretischen Überlegungen zur Torte als religiöses Symbol und zur Tortenschlacht als ebensolches Ritual werden in der Aufzeichnung der Bühnenproduktion *Monty Python – Live at the Hollywood Bowl* (Graham Chapman, GB 1982) mittels Zitaten präzise auf den Punkt gebracht.

Abb. 7.

Abb. 8 und 9.

Abb. 10.

Die Geschichte von Lady Gaga, Slavoj Žižek und dem Einhorn

Dolores Zoé Bertschinger

Dramatische Geigenklänge, schillernde Tremoli, ein leuchtend pinkfarbenes Dreieck, das auf der Spitze steht. Im glitzernden Regenbogendunst erscheint ein Einhorn. Der Atem aus seinen Nüstern dampft. Dann löst es sich in gleissendem Licht auf. Ein apokalyptischer Fanfarenstoss reisst uns aus dieser mystischen Szene. Aus dem oberen Bildrand senkt sich ein weiteres pinkfarbenes Dreieck herab. Diesmal umrahmt es ein kaleidoskopisches Bild von Gesicht, Haaren und Körpergliedern. Einem Cyborg gleich offenbart sich uns hier zu den Klängen aus Hitchcocks *Vertigo* (US 1958) Lady Gaga als Sci-Fi-Urmutter eines neuen Menschengeschlechts. Mit schwarzumrandeten Augen blickt sie direkt in die Kamera, während aus dem Off ihre blecherne Stimme klingt: «This is the manifesto of mothermonster …»

Im weiteren Verlauf des Intros zu ihrem 2012 veröffentlichten Song und Videoclip *Born this Way* wird Lady Gaga eine glibbernde Masse von menschlichem Gewebe zwischen den Beinen hervorgezerrt. Diese Geburt aber, so wird uns erklärt, ist eine unfertige, die Zellteilung konnte sich nicht abschliessend vollziehen: «It was perceived that this infamous moment in life is not temporal / It is eternal / And thus began the beginning of the new race.» Eine Blumengirlande windet sich um den Ort dieser Geburt. Die Blüten verwandeln sich in menschliche Körper, die, begleitet von süssen Geigenklängen, frei im Universum schweben. Dann verdunkeln sich Musik und Lady Gagas Stimme wieder, denn: «[…] on that same day / As the eternal mother hovered in the multiverse / Another more terrifying birth took place / The birth of evil / And as she herself split into two / Rotating in agony between two ultimate forces / The pendulum of choice began its dance».[1] Mit der Etablierung zweier antagonistischer Kräfte aus einer sich zerreissenden Urmutter ist die Zeit nun gekommen, das eigentliche Lied anzustimmen. Dieses handelt nun nicht von der Muttergöttin, sondern von *Ihm*: «It doesn't matter if you love him, or capital H-I-M / Just put your paws up / 'Cause you were Born This Way, Baby». Dieses Bekenntnis zu dem einen Gott bezeugt das neue Menschengeschlecht einstimmig in einem choreographischen Tanz.

Mit dieser monochromen Körpermaschine in Schwarzweiss (!) will uns Lady Gaga aber nichtsdestotrotz die neue menschliche Vielfalt verkünden: «No matter gay, straight, or bi, / lesbian, transgendered life, / I'm on the right track baby, / I was born to survive. / No matter black, white or beige / Chola or orient made, / I'm on the right track baby, / I was born to be brave». Die schillernde Cyborg-Mutter Gaga und das in seinen Geburtswehen wild zuckende neue Menschengeschlecht verwinden sich nach anstrengenden sechs Minuten endlich zu einem undurchdringlichen Körperknäuel. Es versinkt in einer schwarz- und crèmefarbenen Glibbermelasse, während die Sci-Fi-Mutter in einem letzten Close-up eine einzelne Träne vergiesst; eine Remineszenz an die *mater dolorosa*. Dann erscheint erneut das pinkfarbene Dreieck, diesmal auf seiner Basis stehend mit der Spitze nach oben. Im Dunst einer an *Blade*

1 Das *Manifesto of Mothermonster* ist nachzulesen auf Lady Gagas persönlichem Wiki (2016).

Runner (Ridley Scott, US 1982) mahnenden Kulisse mit schwarzen Hochhäuserschluchten, Nebelschwaden und offenem Feuer reitet Lady Gaga auf einem Einhorn der Zukunft entgegen.[2]

Erste Bezeugungen des Einhorns gehen auf das 4. Jahrhundert und den griechischen Arzt Ktesias aus Knidos zurück, der nach seiner Indien-Reise von einem seltsamen Tier berichtete: Es gäbe dort ein Tier so gross wie ein Pferd, weiss und mit einem mehrfarbigen Horn auf der Stirn.[3] Fast 800 Jahre später wird für das Einhorn im Christentum die Schilderung von Physiologius massgebend, der das Einhorn mit der Jungfrau in Verbindung brachte: Es handle sich beim Einhorn um ein äusserst leidenschaftliches Tier, das nur von einer reinen Jungfrau gebändigt werden könne. Im 12. Jahrhundert schliesslich wurde das Einhorn ausgehend von Isidor von Sevilla zum Mariensymbol schlechthin. Fortan wurde das Einhorn als Christus gedeutet, dessen unbeugsame Gerechtigkeit nur von der Muttergottes gemildert werden könne. Diese sehr kurze symbolgeschichtliche Abriss zeigt: Das Einhorn entspringt einem Orientalismus und der blühenden Fantasie von Männern. An diesen ist es Jahrhunderte später dann auch, dieses Symbol des Einhorns geschlechterstereotypisch aufzuladen. Das Einhorn besteht in unserem «westlichen» kulturellen Imaginären seither als unschuldiges, reines Wesen, dessen Popularisierung sich in pervertierten Verniedlichungen in Mädchenspielzeugkisten niedergeschlagen hat. Erinnert sei hier – in Anlehnung an die obige Abbildung – an die Spielzeugserie «Mein kleines Pony»[4] und dessen regenbogenglitzernde Einhornserien.

Mit seinen Merkmalen des Orientalismus, des Mythos, der Genderisierung, Mediatisierung und Popularisierung weist das Einhorn bemerkenswerte Parallelen zur Religion auf. Dies hängt zunächst damit zusammen, dass das Einhorn als ein Symbol innerhalb des umfassenden Symbolsystems Religion fungiert und hier also anhand des Teils Aussagen über das Ganze gemacht werden können (und vice versa). Zugleich sollte nicht unbemerkt bleiben, dass es sich hier um einen

2 *Blade Runner* wäre auch ein gutes Beispiel für die Popularisierung des Einhorn-Motivs gewesen. Eine lesenswerte Filmbesprechen mit eingehender Diskussion der religiösen A- und Dissonanzen im Film findet sich bei Wiehart (2016).

3 Für diese und nachfolgende Angaben beziehe ich mich auf die Schweizerische Symbolforschung (2016).

4 Eine schöne Auflistung aller Jahrgänge der «kleinen Ponys» findet sich bei Pytalhost (2016), bemerkenswert sind hier insbesondere die Beschreibungen der Figuren.

ganz besonderen Vergleich handelt: Das Einhorn ist nicht irgendein religiöses Symbol, sondern es ist eines, dass uns die Funktionsweise und vor allem die Wirkmächtigkeit des Symbolsystems Religion aufzeigt. Wir sprechen über das Einhorn mit derselben Gewissheit wie über Religion. Wir wissen, dass sie beide keine Existenz haben – aber trotzdem Bedeutung. Entsprechen meint Žižek unter Einbezug eines uns nun hinlänglich bekannten Beispiels:

> Wir haben es [...] mit zwei verschiedenen Seinsmodi zu tun, der unmittelbaren, direkten Existenz-in-der-Realität und der fluiden Oberfläche «sein», die gegenüber dem «realen» Sein oder Nichtsein indifferent ist. [...] [D]eswegen können wir sowohl über Dinge sprechen, die sich im Modus des Seins, als auch über solche, die sich im Modus des Nichtseins befinden. [...] Ein Einhorn kann ein Horn, vier Beine und so weiter haben und nicht existieren.[5]

Dieses Zitat verrät uns auf der inhaltlichen Ebene etwas über die Funktionsweise des Einhorns (und der Religion), auf seiner performativen Ebene verdeutlicht es uns aber zugleich die Wirkmacht dieses Symbols. Dass das Einhorn nämlich keinen realen Referenten hat, verringert seine Beständigkeit nicht im Geringsten, im Gegenteil: Seine Indifferenz gegenüber dem «realen» Sein oder Nichtsein scheint Katalysator unendlicher Möglichkeiten an Adaptionen zu sein, welche die Tradierung des Symbols garantieren. Dass wir von Einhorn, dass wir von Religion sprechen können, begründet ihr Sein, ihren ganz «realen» Ort in unserem kulturellen Imaginären.[6] So trabt das Einhorn in endlosen Neuauflagen durch unser kulturelles Gedächtnis[7] und dient dabei ebenso der Selbstinszenierung einer unschuldigen Cyborg-Muttergottes als auch der Ver(sinn)bildlichung einer kurzen Passage aus einem *opus magnum*, dessen Unlesbarkeit an Esoterik grenzt. Dass im Jahr 2016 gerade Lady Gaga und Žižek in einem Artikel zu Religion rezipiert werden, ist sicherlich kein Zufall. Aufgrund ihrer musikalischen und textuellen Massenproduktion können sie beide in ihren

5 Žižek 2014, 95; Hervorhebungen von mir entfernt.

6 Zum kulturellen Imaginären vgl. die umfassende Einführung von Pezzoli-Olgiati (2015).

7 Zum kulturellen Gedächtnis vgl. Assmann (2010).

jeweiligen Segmenten als marktführend bezeichnet werden. Mitsamt Fangemeinden und eingeschworenen Zirkeln gebärden sie sich dabei als Priesterinnen und Priester der Postmoderne. Unter hemmungsloser Bespiegelung aller möglichen persönlichen Neurosen und kollektiven Sehnsüchte sind Lady Gaga und Žižek damit sehr erfolgreich – und durchaus unterhaltsam.

BIBLIOGRAPHIE

Assmann, Aleida, 2010, Re-framing Memory. Between Individual and Collective Forms of Constructing the Past, in: Tilmans, Karin/van Vree, Frank/Winter, Jay (Hg.), Performing the Past. Memory, History, and Identity in Modern Europe, Amsterdam: Amsterdam University Press, 35–50.

Lady Gaga, 2016, The Manifesto of Mothermonster, http://ladygaga.wikia.com/wiki/Manifesto_of_Mother_ Monster, abgerufen am 23.04.2016.

Pezzoli-Olgiati, Daria, 2015, Religion in Cultural Imaginary. Setting the Scene, in: Pezzoli-Olgiati, Daria (Hg.), Religion in Cultural Imaginary. Explorations in Visual and Material Practices, Baden-Baden: Nomos, Zürich: Pano, 9–38.

Pytalhost, 2016, http://mkp.pytalhost.de/g1/jahre/jahr2/jahr2.html#unicorn, abgerufen am 07.05.2016.

Schweizerische Gesellschaft für Symbolforschung, 2016, http://www.symbolforschung.ch/einhorn, abgerufen am 23.04.2016.

Wiehart, Alexander, 2016, Blade Runner, https://wiehart.wordpress.com/film-und-fernsehkritik/filme/blade-runner, abgerufen am 23.04.2016.

Žižek, Slavoj, 2014, Weniger als nichts. Hegel und der Schatten des dialektischen Materialismus, Berlin: Suhrkamp.

Fulla erklärt uns die Religion

Jacqueline Grigo

Mir wurde die Aufgabe übertragen, anhand des obenstehenden Bildes den Begriff Religion zu definieren. Bekanntlich ist es ein auswegloses Unterfangen, eine abschliessende Begriffsbestimmung von «Religion» zu finden. Die Vielfalt dessen, was gemeinhin darunter verstanden wird, lässt sich schwer in eine Definition fassen. Statt es dennoch zu versuchen, werde ich anhand des konkreten Beispiels von Fulla und der dazu verfügbaren Hintergrundinformationen auf *einige mögliche* Funktionen von Religion hinweisen – ohne dabei den Anspruch zu erheben, sämtliche Funktionen abzudecken.

Fulla ist eine Barbie; also eine knapp 30 cm hohe, zu mager geratene Plastikpuppe mit übergrossen Augen, zu kleinen Händen und Füssen und einem etwas dümmlich wirkenden, lieblichen Lächeln. Allerdings ist Fulla nicht einfach eine Barbie, wie sie viele von uns im Kindergartenalter heiss ersehnt, aber von unseren emanzipierten, pädagogisch bedachten Eltern nie erhalten haben. Fulla ist eine züchtige Barbie. Und sie ist ausserordentlich tugendhaft. Um dem visuell Ausdruck zu verleihen, verbirgt sie ihr langes dunkles Haar unter einem Kopftuch und hat kleinere Brüste als ihre blonde Vorlage. Fulla ist die Barbie-Version für muslimische Mädchen.

Ebenso wie Barbie kleidet sich auch Fulla gerne modisch. Auch ihre Garderobe besteht überwiegend aus rüschenbesetztem Polyester in rosa, pink und lila Glitzertönen. Allerdings sind Fullas Ärmel lang und die Röcke reichen ihr über die Knie. Sie besitzt ausserdem eine Strassenkluft, bestehend aus dem *Abaya*, einem schwarzen knöchellangen Gewand mit Kopftuch. Und: Man kann sie auch in Gebets-Version haben, mit kleinem Teppich, Gebetskette und einem bestickten weissen Gewand, unter dem nicht nur die Haare, sondern auch die Schultern gänzlich verschwinden. Fulla, die sich im Mittleren Osten und auf der arabischen Halbinsel bereits um ein Vielfaches besser verkauft als ihre blonde Cousine Barbie, ist so wie ein arabisches Mädchen sein soll, betont die Herstellerfirma NewBoy.

Im Gegensatz zu Barbie, die sich im Bikini fläzt, dabei ihren Körper schamlos zur Schau stellt und sich mit ihrem Freund Ken verlustiert, betreibt Fulla Shopping, verbringt Zeit mit ihren Freundinnen, kocht, liest und betet. Wie man auf der kindgerecht gestalteten offiziellen Produktwebseite erfährt, pflegt Fulla nicht nur sorgfältig ihren Körper, sondern ist beständig bestrebt ihren Geist (lesen), ihre Seele (beten), ihre Emotionen (gegen Eifersucht oder Missgunst ankämpfen), ihre sozialen Beziehungen (fürsorglich sein, Familie und Freundinnen unterstützen und die Eltern respektieren) und ihr moralisches Verhalten (bescheiden, zurückhaltend und sittsam sein) zu optimieren. Fehler sind erlaubt – führen diese doch letztlich zu Einsicht und Besserung.

Am Beispiel von Fulla lassen sich, wie im Folgenden dargelegt wird, einige unterschiedliche zentrale Funktionen von Religion aufzeigen: 1) Religion als Kategorie sozialer Unterscheidung: Fulla wurde als muslimisches Pendant zur säkularen (evt. christlichen oder jüdischen?) Barbie geschaffen. Über Religion bestimmt sich Zugehörigkeit, in diesem Fall zum Islam. Religion bietet Antworten auf die Frage: Wer bin ich? Und: Zu wem gehöre ich? Zugehörigkeit und Identität funktionieren aber nicht ohne Abgrenzung. Wo es ein «Wir» gibt, da gibt es auch ein «Ihr». Religion hat also, mehr oder minder, immer mit sozialer Grenzziehung zu tun. 2) Religion stellt ethische und moralische Richtlinien für das Denken, Handeln, Wollen und Verhalten bereit (und rechtfertigt diese in ihren überlieferten Narrativen und darin ausgedrückten Weltauffassungen). Fulla wurde, wie ihre Hersteller betonen, geschaffen, um in Abgrenzung zur abendländischen Barbie, muslimische Werte und Tugenden zu repräsentieren und ein moralisches Vorbild für muslimische Mädchen darzustellen. 3) Daraus leitet sich eine weitere wichtige Funktion von Religion ab: Sie bietet Sinn und Orientierung. 4) Religion kontrolliert den Körper und die (weibliche) Sexualität: Fulla verhüllt ihren Körper und ihr Haar in der Öffentlichkeit, um ihre sexuellen Reize ausserhalb des Hauses zu verbergen. Was etwas erschüttert, ist, dass auch Fulla sich den gängigen Schönheitsidealen, die den weiblichen Körper dominieren, nicht zu entziehen vermag. Unter ihrer Kleidung verbirgt sie nicht einen naturgetreu proportionierten Körper, sondern ist im Gegenteil noch dünner als Barbie. Auch Fulla wäre also für unsere Eltern keine Alternative gewesen. Eher hätten diese vielleicht zu Lammily gegriffen, die zwar auch schlank ist, aber doch bedeutend realistischere Körpermasse aufweist. Ausserdem hat sie Cellulite und Schwangerschaftsstreifen zum Aufkleben und eignet sich insgesamt besser als Identifikationsfigur für den Aufbau eines gesunden Körperbewusstseins. 5) Religion legt Geschlechterbeziehungen fest: Fulla soll als angemessenes Rollenvorbild für muslimische Mädchen dienen. Zuhause widmet sie sich ihrer inneren und äusseren Schönheit und sorgt für das Wohl der Familie. Für die moderne Fulla ist aber keineswegs nur die Rolle als Hausfrau und Mutter vorgesehen. Grosszügigerweise wird ihr auch zugestanden, Ärztin oder Lehrerin zu werden. «These are two respected careers for women that we would like to encourage small girls to follow», schreibt der Produktmanager von NewBoy.

Religiös verankerte Verhaltensregeln und Rollenbilder bringen also Normen zur Anwendung, die bestehende Geschlechterungleichheit rechtfertigen und zementieren. 6) Religion als Vermarktungskonzept: Wie bereits angesprochen wurde, verkauft sich Fulla in den Zielregionen ausgesprochen gut und ist dort zu einer ernsthaften Konkurrenz für Barbie geworden. Um den verschiedenen Graden religiöser Strenge gerecht zu werden, wird Fulla länderspezifisch den jeweiligen Marktbedingungen angepasst: In Saudi-Arabien verkauft sich die Puppe mit schwarzem, bodenlangem Abaya besonders gut, während in liberaleren Ländern auch Puppen mit weissen Kopftüchern und bunter Outdoor-Kleidung geläufig sind. Ausser der Puppe selbst wurde inzwischen eine breite Produktlinie der Marke Fulla entwickelt. So gibt es u. a. Fulla-Regenschirme, Uhren, Fahrräder, Schultaschen, Cornflakes, CD-Player, aufblasbare Möbel, Swimming-Pools, Gebetssets und vieles mehr.

Bei vielen Eltern und besonders bei den jungen Mädchen funktioniert das religiös verbrämte Marketingkonzept also offenbar sehr gut. «I love you fulla […]! I want to become like you!!!!!», schreibt etwa die kleine Amal auf der Webseite des Fulla-Clubs. Unter den muslimischen Eltern scheint es, wie einem Blog zu entnehmen ist, allerdings auch zynisch-kritische Stimmen zu den vermeintlich moralisch-religiösen Ambitionen Fullas und ihrer Hersteller zu geben: «Barbie was the star of my toys back in the old days […] and personally i never saw her naked when taking off her clothes, but this version of fulla makes barbie and all the other toys look naked and open kids eyes to that issue!!! so i prefer the good old Barbie.» Oder:

> tab3an agreed we need to dress the poor doll with plastic to hide her natural skin colour and make it look funny and ugly so our kids wouldn't be sexually attached or affected by a piece of plastic! so now we are back to the stone age where we consider a statue a god! and be afraid of it! so next step is burning all the barbie dolls ever existed and start a war on the barbie world![1]

Alles in allem kommt einmal mehr der Verdacht auf, dass Religion – nicht nur, aber zunehmend – für verschiedenste, nicht-religiöse Interessen und Zwecke missbraucht wird.

1 http://sha3teely.com/?p=1070, abgerufen am 29.01.2017.

ROT

Georg Pfleiderer: Das technoide Religionskunstwerk Anna-Katharina Höpflinger: Himmlisches Kaleidoskop Ann Jeffers: The Oldest Trick in the Book Christian Wessely: Heilendes Handeln – Deutungsdimensionen eines Wundschnellverbandes

Das technoide Religionskunstwerk *Georg Pfleiderer*

«Man wirft ein Geldstück ein und kann dann […] Gebete aus fast allen Religionen der Welt in vielen Sprachen anwählen und ihnen zuhören: vom strengen Zarathustra-Vaterunser über tibetanische Mönchsgesänge, buddhistische Sutren, Korangebete, hebräische Kaddisch-Gebete, Indianer-Gesänge, Gebete von Schamanen aus Neu-Guinea oder Mali bis hin zu zeitgeistigen Gruppenmeditationen und amerikanischen Fernsehpredigern. Es besteht die Möglichkeit des Mitbetens, vom rasch gesprochenen Stossgebet bis zur ausgedehnten Meditation, aber zunächst ist es nur ein Ort zum Hören. Zurzeit gibt es im GEBETOMAT ca. 300 Gebete in 64 Sprachen zu hören. […]

Der Gedanke ist der eines Automaten, der an verschiedenen Orten des öffentlichen Lebens stehen kann und innere Einkehr gewährt. In Frage dafür kommen beispielsweise Bahnhöfe, U-Bahn-Stationen, leerstehende Kirchen, Gebetsräume in Universitäten, Flughäfen,

Kaufhäuser, städtische Plätze, Autobahn-Rastplätze und viele Orte mehr. Ich halte die – dem Denken Andy Warhols verwandte – Idee einer automatenhaft herstellbaren Erzeugung religiösen Gefühls für einen sehr zeitgenössischen Gedanken.»[1]

Ähnlich wie die Kunst verändert auch die Religion ihr Wesen im Zeitalter ihrer technischen Reproduzierbarkeit: Der Gebetomat – so lese ich obige Erläuterung seines Erfinders – soll diesen Zusammenhang sichtbar machen. In der klassischen Moderne, beginnend im frühen 19. Jahrhundert, galten Kunst und Religion als die kardinalen Medien der «Selbstbehauptung des Lebendigen» (W. Herrmann) gegen die Natur. Sie waren die bevorzugten Ausdrucksformen der «schönen Seele» des kultivierten, selbst-gebildeten Individuums; die Stilmittel des künstlerischen «Originals». Dieses klassisch-moderne Religionsverständnis, das in der Romantik seine Brunnenstube hat, versucht in konstruktiver Absicht umzusetzen und zuzuspitzen, was nach dem religionskritischen Soziologen Günter Dux die Funktion der Religion seit den archaischen Anfängen der Menschheitsgeschichte ist: die Projektion menschlicher Handlungssubjektivität in den Kosmos. So wie der Mensch sich als Handlungssubjekt erfährt und voraussetzt, so stellt er sich die Welt insgesamt vor: als Produkt von machtvollen geistigen Subjekten, von Göttern. Deren Gestaltungskraft verdanke sich die Welt der Dinge und Lebewesen. Religion ist so das menschliche Instrument zur Vermenschlichung der Welt.

In der Moderne, so kann man auf Dux' Linie weiterdenken, ersetzt zunehmend Technik die Funktion, die vormals die Religion innehatte. Denn nunmehr ist Technik das Medium zur Vermenschlichung der Welt. Der Vorzug der Technik gegenüber der Religion ist ihre transparente Subordination unter die menschliche Autonomie: Mittels der Technik ist der Mensch seines eigenen Glückes Schmied; er braucht dafür keine himmlischen Mächte mehr. Doch je vollkommener dem Menschen die Technisierung der Welt gelingt, desto mehr wächst ihm die Technik über den Kopf. Die Befreiung aus der selbstverschuldeten Unmündigkeit der Religion mündet in neue Abhängigkeit. Der Mensch findet sich vor im «stahlharten Gehäuse» (Max Weber) einer technisch-ökonomischen Zivilisation, die ihn zum willfährigen Rädchen im grossen kapitalistisch-technischen Getriebe degradiert.

1 Oliver Sturm, 2008, http://www.gebetomat.de/information/idee#, abgerufen am 30.05.2016.

Religion kann für solche «Rädchen im Getriebe» allenfalls noch der Schalmeienklang aus den Köpfhörern der Unterhaltungsindustrie sein, die diese sich aufsetzen, um das Gekreische der leerlaufenden Riesenautomaten, deren Teil sie geworden sind, zu übertönen. Das ist die Welt – und die Weltsicht –, die der Gebetomat bzw. der Künstler, der ihn erfunden hat, sichtbar machen möchte. Unsere Welt, wie er meint. Er nimmt dabei jedoch einen performativen Widerspruch in Kauf: Der Gebetomat hätte sich selbst nicht erfunden. Damit er in die Welt kommt, braucht es den Einfallsreichtum des Künstlers, der sich seinerseits vor dem Hintergrund solcher kulturkritischen Überlegungen, wie den zitierten und angestellten entfaltet. Auch das technoide Religionskunstwerk (des Gebetomats) verdankt sich künstlerischer Kreativität, die sich hier auch ganz offensichtlich eines kulturellen Stilmittels bedient: der ironisch-witzigen Verfremdung.

Der Gebetomat erinnert an die Passbildautomaten, die langsam aus der Mode kommen, an eine in der Überholung begriffene, von vielen heute als liebenswert veraltet empfundene (sie an ihre Jugend und jugendliche Spässe erinnernde) Fototechnologie: Grossklobige Selfie-Kisten im öffentlichen Passageraum von zugigen Bahnhofshallen und U-Bahnunterführungen. Hinter den Passbildautomaten scheint aber eine andere, noch deutlich ältere Kammer für spezifisch motivierte Einzelbesuche auf: der Beichtstuhl. Beichtstühle haben mit Passbildautomaten vieles und mit Gebetomaten noch viel mehr gemeinsam. Alle drei sind sie Möbel zum individuellen Kurzrückzug aus der Öffentlichkeit – im öffentlichen Raum. Sie machen so auf besondere Weise die Schnittstelle von Privatheit und Öffentlichkeit sichtbar. Diese Schnittstelle ist der Vorhang, den man vorzieht, um die Blicke der Passanten und Passantinnen draussen zu halten. Da der Vorhang nur halbhoch und unten offen ist, bleiben die Beine sichtbar und signalisieren für die draussen: «besetzt». Diese Technologie erinnert wiederum an ganz andere «Claustra» im öffentlichen Raum, bei denen die Türen oft auch nicht ganz bis zum Boden gehen.

Wie Passbildautomaten dienen Gebetomaten der Selbstbespiegelung; wie Beichtstühle geht es dabei um die Seele – und um deren Befreiung; wie bei Beichtstühlen – und wie bei jenes geschlossen Örtchen – bedarf es dazu der Entblössung. «Machen Sie sich schon mal frei!», sagt ja auch der Arzt, wenn er uns hinter den Umkleidevorhang – auch so ein spezifisches halbgeschlossenes Räumchen! – schickt.

«Ich bin gleich bei Ihnen!», fügt die Ärztin ihrer Aufforderung meist hinzu und eilt hinaus. Zeit für ein Stossgebet: «Es wird schon nichts Ernstes sein.» Der Gebetomat stellt die Einladung in den Raum, solche Wartezeiten sinnvoll zu füllen. Sein Angebot ist dabei automatisch – ob wir sein Programm starten, liegt bei uns.

Himmlisches Kaleidoskop *Anna-Katharina Höpflinger*

In Rot, Schwarz und Gold dreht sich ein regelmässiges Muster um einen Mittelpunkt. Vögel erheben sich von diesem Zentrum aus; Blumen, Pflanzen und geometrische Figuren ranken sich um es und bilden einen achteckigen Stern. Danach teilt sich die Anordnung, webt sich in neue Formen und breitet sich in ihrer üppigen Pracht weiter aus.

Was sich uns hier aus einer unerwarteten Perspektive von unten zeigt, ist die Repräsentation einer Fantasie: Das Muster nimmt orientalisierende Ideale auf, verbindet sie mit einer durch Mythen geformten Vorstellung einer vergangenen Zeit und dem viktorianischen Konzept einer Himmelswelt (man denke an die Vögel), die schöner und besser ist als alles, was normalerweise im Alltag beobachtet werden kann. Der präraffaelitische Maler Edward Burne-Jones bringt diese fantastische Intention, der sich auch «unser» Muster verschrieben hat, in einer Aussage folgendermassen zum Ausdruck: «I mean by a picture, a beautiful romantic dream of something that never was, never will be – in a light better than any light that ever shone – in a land that no-one can define or remember, only desire – and the forms divinely beautiful.»[1]

Bei dem oben abgebildeten *desire* auslösenden, erhaben schönen Muster handelt es sich um die Deckengestaltung des sogenannten «arabischen Raums», der sich im Herbert Tower des Castle Cardiff in Wales (GB) befindet. Als John Crichton-Stuart, der dritte Marquis von Bute, das Schloss in den späten 1840er-Jahren erbte, beschloss er, es umzugestalten. Er beauftragte den berühmten britischen Architekten (und überzeugten Freimaurer) William Burges (1827–1881), das Schloss neu zu designen und gab ihm dazu völlige Freiheit. Burges verwandelte das Gebäude in einen viktorianischen Traum. Das – übrigens teuerste – Glanzstück bildete der um 1880 gestaltete[2] oben zu sehende «arabische Raum», der zunächst als Salon für Damen gedacht war. Die bemerkenswerte Decke auf dem Bild ist aus geschnitztem, vergoldetem und bemaltem Holz gefertigt.

Diese opulente Decke mit ihrem netzwerkartigen Muster ist also nicht in einer Kirche oder Moschee anzutreffen. Sie kann dennoch auf verschiedene Arten mit Religion verbunden werden: Zunächst lässt die Decke mit dem Gold und den Vögeln christliche Paradiesvorstellungen und einen Blick auf das «himmlische Jerusalem» erahnen. Sie steht allerdings ebenso für eine exotisierende Idealisierung des Nahen Ostens und verbindet dabei die Inszenierung eines Moscheeinnenraums mit Vorstellungen einer Haremsromantik des 19. Jahrhunderts (man erinnere sich, der Raum war als Damensalon gedacht). Die Decke verweist aber auch auf den extravaganten Lebensstil eines englischen Adligen sowie auf die Erwartungen eines Architekten hinsichtlich eines idealen Raums hin. Kombiniert man all dies, erscheint hier eine epochenspezifische visuelle Repräsentation des vorhin zitierten «beautiful romantic dream of something that never was, never will be», die mit Martin Riesebrodts Konzept von Religion als eine visuelle Art des (transzendenten) Heilsversprechens betitelt werden kann.[3] Die Deckengestaltung inszeniert ein fantastisches Heilsversprechen, eine Vision, die über das Alltägliche hinausgeht.

1 Dean 2005, Back Cover.

2 Burges starb 1881, bevor der Raum fertiggestellt war.

3 Vgl. Riesebrodt 2007.

Dieser Raum eignet sich jedoch nicht nur als historischer, sondern auch als visuell-konzeptueller Input, um über Religion nachzudenken: Die Decke bildet ein von einem Zentrum ausgehendes kaleidoskopartiges Muster. Beim Terminus Kaleidoskop handelt es sich um ein griechisches Wort. Es besteht aus den Begriffen **καλός** *(kalós) «schön»*, **εἶδος** *(eidos)* «Gestalt» und **σκοπεῖν** *(skopéin)* «sehen» und geht somit semantisch in dieselbe Richtung wie die Aussage von Burne-Jones: Ein Kaleidoskop ist ein optisches Gerät, das die Sicht auf die Welt verändert. Eine solche Veränderung der Welt bringt auch eine religionswissenschaftliche Sichtweise.[4] Nicht nur, dass man im Sinne einer *déformation professionnelle* plötzlich überall Spuren von Religion entdeckt, sondern auch, indem vor allem der eigene theoretisch-methodische Rahmen bestimmt, was Religion ist und was sie nicht ist. Das Definieren von Religion beinhaltet, wie Clifford Geertz prägnant betont, nicht ein Abbilden von Wahrheiten, sondern dient zur Systematisierung des Denkens.[5] Religion zu definieren, heisst, den eigenen Blickwinkel einzugrenzen, ihn nachvollziehbar und transparent zu machen sowie ihn zu reflektieren. Dabei hängt die Definition von Religion vom jeweiligen Interessensfokus ab: Will man religiöse Institutionen untersuchen oder vielleicht auf die persönliche Religion von Individuen fokussieren. Möchte man lieber Funktionen von Religion oder ihre Inhalte betonen? Stehen Bilder, Texte, Handlungen oder etwa Filme im Brennpunkt des Interesses? Geht es um Phänomene, die von verschiedenen Seiten her (den religiösen Akteuren/innen selbst, aber auch einer Öffentlichkeit) als «religiös» bezeichnet werden oder eher um etwas, das nicht selbstverständlich als «religiös» aufgefasst wird?[6] Will man Schnittstellen zwischen Religion und (anderen) kulturellen Bereichen erforschen oder lieber individuelle transzendente Emotionen untersuchen? All diese Fragen zeigen: Religion ist nicht so sehr eine Sache der Bestimmung eines Phänomens oder dessen Funktionen, sondern des jeweiligen Blickwinkels darauf. Dabei ist es unerlässlich, auch religiöse Widersprüche zuzulassen. Wie das Sinn-

4 Mit Daria Pezzoli-Olgiati lässt sich sagen, dass eine religionswissenschaftliche Perspektive vergleichbar mit einem Blick durch Brillen und andere optische Geräte ist. Dabei seien einige dieser Hilfsmittel «derart gut, dass man sie gar nicht als solche wahrnimmt». Pezzoli-Olgiati 2008, 41.

5 Vgl. Geertz 1987, 48.

6 Melissa Wilcox (2012) spricht von einem Zugang «from the margins».

bild des Kaleidoskops zeigt, formen sowohl Muster als auch Religionen ihr Netzwerk durch Redundanzen und Paradoxien. Insofern decken auch emische Perspektiven auf Religion nicht alle Möglichkeiten einer jeweiligen religiösen Tradition ab, auch hierbei handelt es sich um Blickwinkel.

Nicht zuletzt macht das gewählte Bildbeispiel die religionswissenschaftlich Forschenden auch darauf aufmerksam, dass Forschung nicht immer nur einfach ist, sondern durchaus Mühen mit sich bringt. Denn der oben gezeigte Ausschnitt befindet sich, wie betont, an der Decke, was eine besonders unbequeme Körperhaltung und immer wieder Blickpausen erfordert, um den Windungen des himmlischen Kaleidoskops folgen zu können.

BIBLIOGRAPHIE

Dean, Ann S., 2005, Edward Burne-Jones, Norwich: Jarrold Publishing.

Geertz, Clifford, 1987, Dichte Beschreibung. Beiträge zum Verstehen kultureller Systeme, Frankfurt a. M.: Suhrkamp.

Pezzoli-Olgiati, Daria, 2008, «Spieglein, Spieglein an der Wand». Rekonstruktionen und Projektionen von Menschen- und Weltbildern in der Religionswissenschaft, in: Höpflinger, Anna-Katharina/Jeffers, Ann/Pezzoli-Olgiati, Daria (Hg.), Handbuch Gender und Religion, Göttingen: Vandenhoeck & Ruprecht, 41–52.

Riesebrodt, Martin, 2007, Cultus und Heilsversprechen. Eine Theorie der Religionen, München: C.H.Beck.

Wilcox, Melissa, 2012, «Spiritual Sluts». Uncovering Gender, Ethnicitiy, and Sexuality in the Post-Secular, in: Women's Studies. An Interdiciplinary Journal 41, 6, 639–659.

The Oldest Trick in the Book *Ann Jeffers*

This picture of Agatha Christie proudly posing for the photograph before ancient ruins in the Middle East provides the starting point for attempting to answer the question of what religion is. Her life as the wife of the famous ancient near eastern archaeologist Max Mallowan is well documented, and her role in his excavations still needs to be assessed properly.[1] What is also well-known is her creative output, particularly in her writing of detective novels. The connection between archaeology, murder mysteries and religion is one which I would like to explore here.[2]

1 Agatha Christie spent two decades living on excavation sites in the Middle East, writing her crime novels and helping out with her husband's work. For more information see e.g. Trümpler 1999.

2 Agatha Christie wrote a number of novels taking place on archeological sites: Murder in Mesopotamia (1936) is set in Ur, Death on the Nile (1937) in Egypt, Appointment with Death (1938) in Petra and They Came to Baghdad (1951). Murder on the Orient Express. «She made

Clearly archaeology, religion and crime fiction all share a thirst for knowledge, they have a mystery to solve, and they all attempt to make sense of the past in order to inform the present. The parallels between the solving of crime, archaeology and religion are most informative. The pursuit of solving crime, like unravelling the meaning of archaeology or indeed of religion, requires the exercise of a great amount of critical skills, not unlike the work of Hercule Poirot's «little grey cells». All three presuppose a certain worldview, and all three need to take into account a whole range of presuppositions.[3] In this regard, there is much to learn from Agatha Christie's most notorious female sleuth, Miss Jane Marple.

Miss Marple's worldview, far from being simplistic and naive, embraces great complexity: her fundamental belief in an ordered universe[4] which is under threat of chaos, as well as her acknowledgement of evil[5] as a force which lurks closely beneath the surface of life pervade her approach.[6] She sees clearly the fundamental flaws of the universe we live in: greed as a manifestation of capitalism[7], and lust[8], are ever present as causes of murder. Evil as part of human nature is something Miss Marple is familiar with and she shows a deep and real understanding of the complexities of her protagonists' motivations. This is an important parallel to the world of religion.[9] Both worldviews, that of Miss Marple and that

a wonderful quote on archaeology and crime detection, that they are very similar because you have to clear away the debris to reveal the shining truth» Allsop 2011.

3 «We started, all of us, by an assumption that was not true» Christie 1960, The Mystery of the Spanish Chest, 93.

4 «Miss Marple pulled down the mass of pink wool that encircled her head, a pink wool scarf of the same kind that she had once worn in the West Indies. ‹One of my names›, she said, ‹is Nemesis.› – ‹Nemesis? And what does that mean?› – ‹I think you know›, said Miss Marple. ‹You are a very well educated woman. Nemesis is long delayed sometimes, but it comes in the end.›» Christie 1971, Nemesis.

5 «There is a great deal of wickedness in village life. I hope you dear young people will never realize how very wicked the world is.» Christie 1997, The Thumbmark of St. Peter.

6 Miss Marple often uses the word «wicked» to convey this idea, and does not rest until the world is restored to moral order.

7 This aspect is touched upon in Köseoglu 2015, 134.

8 «But every man is tempted when he is drawn away of his own lust, and enticed. Then, when lust hath conceived, it bringeth forth sin, and sin, when it is finished, bringeth forth … death. Here ended the lesson.» Christie 2016, The Murder at the Vicarage.

9 As a biblical scholar, I will take the religious world of the Bible as an example.

of religion, cohere: both presuppose that there is an underlying order beyond the grim reality of our world, and both have a sense of the reality of evil; both are witnesses to the fact that to sustain that kind of order, the order of a privileged few, is often achieved through «murder». Literary murder, in Agatha Christie's novels as well as in the religious world reflected in the Bible, is a kind of «sleight of hand»[10]: voices are suppressed, and agency denied in the name of a divine order, itself another name for a patriarchal order keen to justify its status in the world. This is the oldest trick in the book and is intrinsic to religion in general, and the Bible in particular.

Despite the laudable claim that it concerns the oppressed and the outcast, religion in the form perpetuated by centuries of practice, has been the tool of the wealthy, and powerful male elite. Under the circumstances there is little doubt as to which voice was really heard. In recent years, feminist biblical scholarship has long argued how much of ancient women's culture has been ignored, their rituals forgotten, distorted or vilified. The task of retrieving women's voices in the biblical world has been taken on by contemporary archaeologists and narratologists.[11] However, and unlike much of religion, Miss Marple takes the whole of humanity seriously: there is nobody that escapes her shrewd powers of observation, regardless of class, race and gender. She recognises that often the least remarkable person by society's standards may offer accurate observations which will enable her to make sense of the crime. Miss Marple's tools are a keen observation of human nature, allied to a deep suspicion of people's words and deeds; her greatest successes are achieved through the recognition that below the ordinariness of life lurks wickedness, but also her experience of life has taught her that there are universal patterns of behaviours.[12] But unlike biblical narrators, Miss Marple, a true postmodern heroine, takes the minutiae of women's lives seriously, indeed Miss Marple is no

10 There are many examples of «sleight of hand» in Agatha Christie's novels: Miss Marple successfully sees through a sleight of hand in *The Body In the Library* (Christie 2005).

11 See e.g. Meyers 2005 and Newsom/Ringe/Lapsley 2013.

12 Köseoglu cites Shaw/Vanacker who speak of Miss Marple as «a structuralist detective», having in mind a structure of human types, which she has learned from the study of her village community.

stranger to feminist hermeneutics.[13] Her hermeneutics of suspicion would have found itself at home with Schüssler Fiorenza's feminist interpretation in highlighting the discourse of dominance, in other words the discourse of the interested party.[14] As a result she brings about a view of the world which is more wholesome, thus enabling crimes to be solved, and order to be restored.

In conclusion, religion, by addressing the chaotic and often unsavoury nature of life, is the (often failed) attempt to re-establish a moral order.[15] What we learn from Agatha Christie, via Miss Marple, is that for this enterprise to be successful, it needs to take into account worldview, presuppositions, point of view, class, race, gender, and species seriously. This will involve excavating, interpreting, uncovering bias, highlighting whose interests are being served, and following clues until the truth will out. As Miss Marple would say: «They won't get away with it this time!»[16] For murder, you see, literary or otherwise, *is* a «wicked thing»!

BIBLIOGRAPHY

Allsop, Laura, 2011, Agatha Christie's secret life as an archaeologist, http://edition.cnn.com/2011/WORLD/europe/03/12/uk.christie.writer.archaeology, accessed on 02.05.2016.

Christie, Agatha, 2016, The Murder at the Vicarage, http://www.imdb.com/title/tt0441885/quotes, accessed on 30.05.2016.

Christie, Agatha, 2005, The Body in the Library, London: HarperCollins 2005.

Christie, Agatha, 1997, The Thirteen Problems, London: Collins.

Christie, Agatha, 1980, Miss Marple's Final Cases, Glasgow: Fontana/Collins.

Christie, Agatha, 1971, Nemesis, London: Collins.

Christie, Agatha, 1969, Hallowe'en party, London: Collins.

Christie, Agatha, 1960, The Adventure of the Christmas Pudding, London: Collins.

13 See e.g. in *The Tape-Measurer Murder* (Christie 1980), Miss Marple solves a murder by noticing a pin used by dressmakers, a detail overlooked by a male policeman.

14 Schüssler Fiorenza 1984.

15 «We do not approve of murder» Christie 1969, Hallowe'en Party.

16 Christie 1980, The Case of the Perfect Maid.

Köseoglu, Berna, 2015, Gender and Detective Literature: The Role of Miss Marple in Agatha Christie's The Body in the Library, in: International Journal of Applied Linguistics & English Literature, 4, 3, http://dx.doi.org/10.7575/aiac.ijalel.v.4n.3p.132, accessed on 30.05.2016.

Meyers, Carol, 2005, Households and Holiness. The Religious Culture of Israelite Women, Minneapolis: Fortress.

Newsom, Carol/Ringe, Sharon/Lapsley, Jacqueline (eds.), 2013, Women's Bible Commentary, Westminster: John Knox Press.

Schüssler Fiorenza, Elisabeth, 1984, Bread Not Stone. The Challenge of Feminist Biblical Interpretation, Massachussettes: Beacon Press.

Trümpler, Charlotte, 1999, Agatha Christie und der Orient. Kriminalistik und Archäologie, Bern: Scherz.

Heilendes Handeln – Deutungsdimensionen eines Wundschnellverbandes

Christian Wessely

Maurice Blondel hat festgehalten, dass das Entscheidende im Nachweis der notwendigen menschlichen Hinordnung auf eine Transzendenz das Handeln – die Tat – ist.[1] Sie führt bei genauer Betrachtung unzweifelhaft aus dem Verhaftetsein in der Immanenz heraus und spannt einen Bogen hin zu den die Kategorien Raum, Zeit und Endlichkeit umgreifenden Bedingungen der Möglichkeiten des Seins und des Handelns, und das regions- und kulturunabhängig im Sinne einer anthropologischen Konstante.

Die Botschaft des Jesus von Nazareth war wesentlich eine Botschaft des Handelns, der konkreten Aufträge,[2] aber auch seines eigenen Tuns; und dieses eigene Tun ist zum grössten Teil als Heilungs-

---

1 Blondel 1965.

2 Vgl. Mt 10,7f; 11,4; 28,19; Mk 6,7; Lk 13,32.

wunder tradiert.[3] In gewisser Weise trifft sich dies beinahe ideal mit Menschings bekannter Definition von Religion, dass nämlich diese die erlebnishafte Begegnung des Menschen mit dem Heiligen und dessen Reaktion darauf sei.[4] In Jesus von Nazaret begegnet der religiöse Urgrund der abrahamitischen Tradition dem Menschen in seiner ureigensten Weise, nämlich schaffend, schöpfend, heilend. Und wenn dieser Jesus seine konkreten Heilungstaten in aller Regel durch ein Verkündigungswort bzw. ein Wort der Zuwendung begleitet, so beugt er damit magischen Missdeutungen vor, die sich angesichts des tradierten Heilungswunders ergeben könnten: Der Urheber der Heilung ist JHWH, und in der Heilung äussert er sich selbst als der Handelnde und damit als der umgreifend Seiende – die Gesundung ist mithin kein Zaubertrick, sondern eine Art, in der Gott seine Gegenwart in der Welt zeigt.

Das Foto, das ich für diesen Kurzbeitrag behandeln darf, macht in gewisser Weise diesen heilenden Aspekt im Alltag besonders sichtbar. Es handelt sich um ein Heftpflaster, dessen Gestaltung einer Stilrichtung verpflichtet ist, die durch Andy Warhol bekannt wurde: serielle Darstellung eines identischen Motives mit je neu variierten Farben in Bildteilen oder über das ganze Bild (Abb. 1).

Abb. 1: Andy Warhol, Marilyn Monroe (1985), Lithographieserie, jeweils 60 x 97 cm; Tate Gallery/National Gallery of Scotland.[5]

3 Vgl. Mt 4,23; 8,16; 12,15; Mk 3,10; 6,5; Lk 6,19 und 4,40: «Er legte jedem Kranken die Hände auf und heilte *alle*.» (Hervorh. v. Verf.)

4 Vgl. Mensching 1959, 18f.

5 Vgl. http://www.amazon.de/Poster-Kunstdruck-Warhol-Marilyn-Monroe/dp/B019CH4HTG/ref=sr_1_1?ie=UTF8&qid=1462800288, abgerufen am 09.05.2016.

Das Produkt wird mit ausdrücklichem Hinweis auf die «healing power of Jesus bandages»[6] angeboten, wie auf der Homepage, auf der das Produkt bestellt werden kann, vermerkt wird.

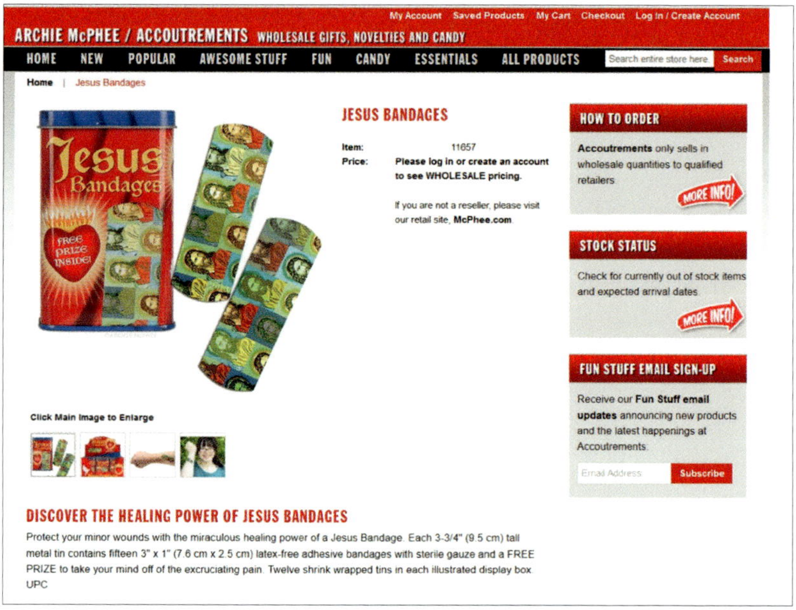

Abb. 2: Das Produkt im Verkaufskontext.

Das Motiv auf den Heftpflastern unterscheidet sich in zwei wesentlichen Details vom ästhetischen Vorbild: Die Anordnung ist nicht strikt seriell, sondern gebrochen – anstelle einer klar linearen Anordnung der Porträts sind diese in zwei unregelmässig gegeneinander versetzten Zeilen angeordnet. Vor allem aber: Das Motiv ist nicht aus dem Kontext entnommen, der Andy Warhol sein Leben lang beschäftigt hat, nämlich dem des *Letzten Abendmahles* von Leonardo da Vinci, sondern aus der Tradition der «Nazarenerbilder»[7] des späten 19. und frühen 20. Jahrhunderts (Abb. 3).

---

6 http://accoutrements.com/shop/jesus-bandages.html, abgerufen am 07.04.2016.

7 Als «Nazarener» bezeichnet man jene Kunstbewegung, die in der ersten Hälfte des 19. Jahrhundert ein eindrucksvolles ästhetisches Potenzial entfaltete, indem sie sich zum Ziel setzte, über die rein handwerkliche Fähigkeit hinaus auch das emotionale Potenzial in insbesondere religiösen Bildwerken anschaulich zu machen vgl. Hollein/Steinle 2005; Schindler 1982.

Abb. 3: Herz-Jesu-Bild in der Tradition der spätnazarenischen Gebrauchskunst, Druckgrafik, anonym, um 1900.

Die Bewegung der Nazarener war in der Malerei von ca. 1810–1850 stilbildend und hat sich in einigen Ausläufern bis in das frühe 20. Jahrhundert erhalten. Kennzeichnend für diese Ausdrucksform war der Vorrang der präzisen zeichnerischen Anlage vor der malerischen Ausführung. In gewisser Weise waren die Nazarener natürlich Kinder ihrer Zeit; doch das beginnende 19. und das beginnende 21. Jahrhundert weisen erstaunlich viele kulturelle Gemeinsamkeiten auf. Weitreichende Erfindungen werden gemacht und Entwicklungen werfen ihre Schatten voraus, die in eine wirtschaftliche Revolution einmünden werden; es wird offen berechtigte Kritik am konfessionell geprägten Christentum geübt; die Bindung des Einzelnen an eine klar definierbare Religionszugehörigkeit nimmt ab und wird weitgehend nur noch aus historischen Gründen aufrechterhalten. Kriege in nie gekannter Grössenordnung lösen Migrationsbewegungen aus; scheinbare kulturelle Sicherheiten geraten ins Wanken und erweisen sich nur noch bedingt haltbar. Zugleich finden sich religiöse Bilder, Motive und Mythologeme, herausgelöst aus ihrem Kontext, in beträchtlicher und zunehmender Zahl in Kunst und Medien.

War vor 200 Jahren noch die Kirche als einziger Gegenpol zu den Ideen der französischen Revolution und später dem napoleonischen Kaisertum international organisiert,[8] sind es heute die Ideen des global village im Hinblick auf Wirtschaft und Daten. War es damals eine «Überhöhung des Katholizismus durch viele deutsche Romantiker, ob sie nun Katholiken waren oder nicht»[9], ist es heute die Idee des gleichberechtigten Anbietens und Abnehmens, des schrankenlosen Teilhabens an der transnationalen Macht von Geld und Information – nun allerdings illusorisch, denn die (selbst wieder monarchische, aber immerhin einem selbstlosen Ziel verpflichtete) Kirche ist als Institution der Bürgschaft weltlicher und weltweiter Integrität obsolet und durch eine lose Gemeinschaft egoistischer Selbstinszenierung mit gelegentlichen Ausreissern hin zum Gemeinwohl abgelöst. Waren es vor 200 Jahren die Nazarener, die eine künstlerische Reaktion auf diese Situation überzeugend vorlegen konnten, sind es heute – nach dem scheinbar unwiderruflichen Ende der grossen «Stilbewegungen» – die lose interagierenden und aufeinander reagierenden Individuen eines kommerzialisierten Kunstbetriebes. Beiden gemeinsam ist, dass sie die Kraft und Unmittelbarkeit der religiösen Bildwelt erkennen und nutzen.

Die Problematik der Nazarener beziehungsweise ihrer Epigonen bestand nun darin, dass sie im Zeitalter der technischen Reproduzierbarkeit und der missionarisch-kolonialen Expansion fast monopolartig das 19. Jahrhundert bestimmten und dies im Sinne einer klischeehaften, religiös-konfessionalistischen Sonderwelt bis hinein in Bildtypen der Pop- und Trivialkultur.[10] Dem Bild, das ursprünglich Ausdruck einer Vereinigungs- und Versöhnungstendenz war, entsprach schliesslich keine Realität mehr: Das war mit ein Grund für ihren Niedergang in die Regionen der blossen Gebrauchsdekoration.

Für Religion unter den Bedingungen der Moderne wird es aber entscheidend sein, dass sie gerade diese Entsprechung in der Realität halten bzw. wiedergewinnen muss. Sie muss umfassend und plural

8 Die 1815 etablierte «Heilige Allianz» kann durchaus auch als Ausdruck des Bewusstseins dieser Gemeinsamkeit interpretiert werden; vgl. Näf 1968.

9 Dreyfus 2000, 707.

10 So ist der Erfolg von Franco Zefirellis *Jesus von Nazareth* (IT 1977) oder Mel Gibsons *The Passion of the Christ* (US 2004) jedenfalls dem jeweiligen Andocken an die religiös-christliche Bildtradition zu verdanken; in maskierter, aber nicht weniger präsenter Form findet sich diese in praktisch allen zeitgenössischen Filmen, die mit dem Heilungs-, Versöhnungs- und Rettungsmotiv zu tun haben.

kulturfähig werden können, so wie sie es in den Zeiten ihrer grossen Schlüsselepochen war.[11] Das heisst auch, dass sie nicht in die Sicherheiten eines integralistischen, christlichen Kulturmilieus mit den entsprechenden symbolischen Artikulationen zurück drängen darf. Mit dem eingangs geäusserten Gedanken: Religion muss sich (wieder!) definieren als das, was (auch und insbesondere transgesellschaftliche) Heilung ermöglicht; das heisst, als Brücke und Versöhnungsfaktor aufgrund einer allgemein umfassenden Transzendenz wahrgenommen werden kann.

Und das Heftpflaster? Ein Bild aus der Tradition der Nazarener – ein Hinweis auf das verbindende Potenzial der Religion (insbesondere der christlichen); angeordnet in der Verfremdung des ausgehenden 20. Jahrhunderts – dadurch signalisierend, dass dieses Ideal zwar noch sichtbar gemacht werden kann, aber immer auch in kritischer Brechung betrachtet werden muss; und aufgedruckt auf einen Wundschnellverband – selbst sowohl Symbol als auch Mittel der Heilung. Besser kann man den aktuellen Anspruch an Religion heute kaum ausdrücken, meine ich.

BIBLIOGRAPHIE

Blondel, Maurice, 1965, Die Aktion (1893). Versuch einer Kritik des Lebens und einer Wissenschaft der Praktik, Freiburg: Alber.

Dreyfus, François-Georges, 2000, Deutschland. Die katholische Erneuerung, in: Mayeur, Jean-Marie (Hg.), Die Geschichte des Christentums, Bd. 10, Freiburg i. Br.: Herder.

Hollein, Max/Steinle, Christa (Hg.), 2005, Religion, Macht, Kunst. Die Nazarener, Frankfurt: Schirn.

Mensching, Gustav, 1959, Die Religion. Erscheinungsformen, Strukturtypen und Lebensgesetze, Stuttgart: Schwab.

Näf, Werner; 1968, Europapolitik zu Beginn des neunzehnten Jahrhunderts. Die Heilige Allianz (1815), Bern: Peter Lang.

Schindler; Herbert, 1982, Nazarener. Romantischer Geist und christliche Kunst im 19. Jahrhundert, Regensburg: Pustet.

---

11 Das Christentum bezog seine Dynamik der ersten Jahrhunderte massgeblich aus dem anti-elitären, anti-nationalistischen und anti-esoterischen Anspruch: Unter Offenlegung alles notwendigen Wissens konnte es sich gegenüber den lokalen Reichsreligionen und der Gnosis durchsetzen, weil es die Integration (=Heilung!) glaubhaft vertrat.

GELB

Die Dramaturgie des Alltags

Alexander Darius Ornella

Mit dem religiösen Wandel der westlich-europäischen Gesellschaft, der Abnahme der Zahl an Gläubigen, die an der Sonntagsfeier teilnehmen, der Infragestellung westlicher religiöser Institutionen und Autoritäten wandelt sich auch der «Ort Religion». Man könnte diesen Wandel auch beschreiben als Tendenz weg von einem religiösen Rundum-Anbieter, der die Gläubigen von ihrer Geburt, durch freudvolle und krisenhafte Ereignisse, bis zu ihrem Tod begleitet, hin zu religiösen Spezial- und Nischenangeboten, die je nach Lebenslage aufgesucht werden. Man könnte diese neuen Angebote oder Orte auch als Mikrokosmen beschreiben, in denen sich Aspekte religiösen Lebens wiederfinden oder verwirklichen können. Ein solcher Mikrokosmos, mit dessen Hilfe Aspekte von Religion veranschaulicht werden können, ist die Kaffeehauskultur.

Manche Länder gelten als Kaffeeländer schlechthin, etwa Italien; Städte wie Wien sind für ihre Kaffeehauskultur bekannt. Starbucks Corp. & Co. haben die Kaffeekultur auf globaler Ebene geprägt. Dann gibt es noch den Boom an unabhängigen und individuellen Cafés, die sich auf *speciality coffees* spezialisieren und bei denen es um mehr geht, als nur um den schnellen Koffein-Kick. «Life is too short for bad coffee.» Auf den ersten Blick mag man sich wundern, warum dieser Satz in einem Aufsatz über Religion vorkommt, steht er doch für ein ganz diesseitiges Geniessen, ein Verweis auf die Kürze des Lebens und den Aufruf, dieses kurze Leben in vollen Zügen kompromisslos zu geniessen. Und doch: Gerade dieser Satz zeigt auf, dass wir bei unserem nächsten Besuch eines Cafés doch etwas über Religion lernen können.

Das im Foto abgebildete Café befindet sich in der englischen Stadt Hull, und Teile dieses Artikels sind in diesem Café entstanden. Es erstreckt sich über zwei Stockwerke und bietet, vor allem vom ersten Stock aus, einen wundervollen Blick über die Hull Marina. Der Blick lädt ein zum Ankommen und Verweilen. Im Hintergrund sind die Kaffeemühle und das Ausklopfen des Portafilters zu hören. Der Kaffee selbst ist bei Anblick und Genuss eine visuell-sinnliche Erfahrung. Dass Kaffee aber nicht gleich Kaffee ist, zeigt spätestens der Vergleich der Hausmischung mit einer der Single Origin Kaffees, die das Café anbietet. Sitzt man eine Weile im Café, kann man beobachten, wie sich das Leben in seinen unterschiedlichen Facetten entfaltet. Man kann Berufstätige kaffeeschlürfend bei der Arbeit beobachten oder Besprechungen und Jobinterviews mehr oder weniger freiwillig überhören. Am Wochenende bietet sich ein familiäreres Bild, wenn Eltern mit ihren Kindern während eines Spaziergangs an der Marina auf Kaffee und Kuchen einkehren. Das eine oder andere Mal wird man auch Zeuge etwas hitziger Debatten oder auch eines romantischeren Treffens. Kurz: Das Café ist ein Ort für alle Lebenslagen, es ist ein Ort, an dem sich Leben ereignet und eine Bühne findet für die Dramaturgie des Alltags. In dieser Alltäglichkeit nimmt der Kaffee selbst oft die Rolle des Nebendarstellers ein – ein Nebendarsteller, der aber immerhin einlädt: «Let's grab a quick coffee», «Let's discuss this over coffee.» Kaffee vielleicht auch als Thema, wenn das Gespräch sonst etwas stockt.

Was hat nun all dies mit Religion zu tun? Die quasi-religiöse Aufladung bestimmter Kaffee-Marken verdiente es, aus religionswissenschaftlicher Perspektive genauer untersucht zu werden. Mir geht es hier aber um das *Bild*, das uns helfen kann, Religion besser zu verstehen. Ähnlich unserem Kaffeehaus kann Religion in ihrem Wesen durchaus als ein Ort verstanden werden, an dem sich Alltag entfaltet. Oft wird Religion beschrieben als Praxis, die nach den grossen Antworten des Menschseins sucht, die Ausdruck der Sinnsuche des Menschen ist. Unbeachtet bleibt oft, dass Religion Alltag ist. Ähnlich dem Kaffeehaus gibt sie Raum für die Dramaturgie des Alltags, in dem nicht nur Grundsatzfragen des Menschsein abgehandelt werden, sondern Menschsein passiert in seiner Alltäglichkeit, in seiner Banalität, mit seinen alltäglichen Freuden, Ängsten und Sorgen.

Auch wenn in öffentlichen Diskursen oft eine strikte Trennung zwischen Religion und Gesellschaft, Religion und öffentlichem Leben eingefordert wird, zeigt gerade das Beispiel Kaffeehaus, dass es diese strikte Trennung nicht geben kann. Wie Ebbe und Flut fliesst der Menschenstrom in das Café hinein und wieder in den Alltag zurück und nimmt dabei Alltag und seine Versatzstücke sowie Begegnungen und sinnliche Eindrücke mit. Ebenso verhält es sich mit Religion. Gläubige geben nicht einfach ihre Religiosität wie ein Kleidungsstück ab, wenn sie den Kirchenraum oder den Gottesdienst verlassen. Vielmehr nehmen sie den Alltag mit in ihr religiöses Leben und umgekehrt. Die bekannte Gretchenfrage – «Nun sag, wie hast Du's mit dem Kaffee?» – lässt einen weiteren Vergleich zwischen Religion und Kaffee zu: Viele Kaffee-*Aficionados* beschränken das Kaffee-Trinken nicht auf den Ort des Cafés, sondern trinken ihn an verschiedensten Orten zu unterschiedlichsten Zeiten. Für manche ist der morgendliche Kaffee oder der abendliche Espresso, fast wie ein Ritual, fester Bestandteil ihres Alltags. Ähnlich verhält es sich mit praktizierter Religion: Die Praxis beschränkt sich nämlich nicht nur auf bestimmte, speziell dafür ausgewiesene, sakrale Orte, sondern kann an unterschiedlichsten Orten und zu verschiedensten Zeiten ausgeübt werden.

Fachwissenschaftliches Rätselraten

Tommi Mendel

Wir alle wissen, Religion gibt es nicht. Bestenfalls existieren abendländisch inspirierte stereotypisierende Interpretationen verschiedener kultureller Praktiken, die auf einem euro- bzw. christozentristischen rudimentären Vorwissen beruhen. So hat auch das vorliegende Bild nichts mit Religion zu tun. Wir können uns dem Bild jedoch durch die Brille verschiedener Betrachter[1] annähern. Und an dieser Stelle beginnt der Ratespass: Weisen Sie die folgenden Zahlen den nachfolgenden Buchstaben zu – ein Preis ist Ihnen sicher.

1 In den hier verwendeten männlichen Formulierungen sind alle gendermöglichen Personen miteinbezogen – die deutsche Sprache vermag bedauerlicherweise nur zwischen drei Geschlechtern zu unterscheiden.

1) Vernunftbegabter Durchschnittsbürger
2) Kunsthistoriker
3) Religionswissenschaftler
4) Abendländischer Hinduexperte
5) Stagemanager
6) Dr. Tiger Toda
7) Swami Blue Eyed Pink Swan Gemeinde
8) Tamilischer Festteilnehmer

A) Im vorliegenden Bild ist ein feierlich dekorierter Festsaal zu sehen, in dem ein Fest stattfinden wird.

B) Das vorliegende Bild muss in drei Untersuchungsphasen aufgeteilt werden. Erstens: eine vorikonographische Beschreibung. Zweitens: eine ikonographische Analyse. Drittens: eine ikonologische Interpretation. Zur Prüfung des Interpretationsschemas schliesslich wird das Korrektivprinzip angewendet.[2]

C) Das vorliegende Bild zeigt die rituelle Umsetzung eines Symbolsystems, dessen Ziel es ist starke, umfassende und dauerhafte Stimmungen und Motivationen im Menschen zu erzeugen, indem Vorstellungen einer allgemeinen Seinsordnung formuliert werden, die mit einer solchen Aura von Faktizität umgeben werden, dass die Stimmungen und Motivationen vollkommen der Realität zu entsprechen scheinen.[3]

D) Das vorliegende Bild zeigt Vittel, Sinalco, Coca Cola und Ganesha als Bestandteil des Advaita. Maya und Avidya verschleiern die Wesensidentität von Atman und Brahman, die zu Moksha durch die Einheit von Sat, Cit und Ananda führt. Durch die bevorstehende Puja und insbesondere mittels des Darshana sollen die Brahmacarin und die Grhasthin jeweils durch Kama-marga, Jnana-marga oder Bhakti-marga Moksha erlangen. Oder wie es in der Sruti der Vedanta-Tradition in der Chandogya-Upanishad 8.1 heisst: «Hier in dieser Brahmanstadt ist ein Haus, eine kleine Lotusblume; inwendig darinnen ein kleiner Raum; was in dem ist,

2 Vgl. Panofsky 1955.

3 Vgl. Geertz 1987, 48.

das soll man erforschen, das wahrlich soll man suchen zu erkennen [...].»

E) Auf dem vorliegenden Bild nehmen die Blitz- und Beleuchtungsgeräte, der Bühnenmonitor sowie der Kamerakram zu viel Bühneneinsicht in Anspruch und müssen versetzt werden. Zudem sollten die Kabel ordentlicher verlegt werden, da sie Stolperfallen darstellen. Nicht zuletzt fehlt das Notausgangsschild.

F) Das vorliegende Bild wurde zweifellos schnell von ausserhalb durch die Türe aufgenommen, in der Hoffnung unbemerkt zu bleiben. Es zeigt somit bloss den Habitus des Auslösenden. Um uns dem im Bild bevorstehenden Anlass adäquat annähern zu können, bräuchte es eine beobachtende und katalysierende Videokamera, die mit sensiblem und partizipatorischem Vorgehen eine akkurate, transparente und selbstreflektierende Darstellung der vorfilmischen Realität aus emischer Perspektive zu beschreiben versucht und diese unter Einbezug der Akteure weitgehend unvoreingenommen filmisch montiert, damit dem mündigen Rezipienten eigene Interpretationsleistungen möglich sind.[4]

G) Im vorliegenden Bild ist ein feierlich dekorierter Festsaal unserer Swami Blue Eyed Pink Swan-Gemeinde zu sehen. Wir feiern das Offenbarungsereignis unseres Gurus Swami Blue Eyed Pink Swan, vormals oberster Priester der Fliegenden Spaghettimonster Society, der im Jahre 0 der Blue Eyed Pink Swan Zeitrechnung in einer Höhle meditierend durch den Blue Eyed Pink Swan selbst, seinerseits letzter Avatar des nicht aussprechbaren und nur unter gewissen Umständen abbildbaren Allesundnichts, die allumfassende Wahrheit auf wundersame Weise erhalten hat, die bis heute nur mündlich weitergeben wurde und für eine kleine Spende in mehrstelliger Höhe persönlich angeeignet werden darf. Zum Fest sind Sie herzlich eingeladen.

H) Im vorliegenden Bild ist ein feierlich dekorierter Festsaal zu sehen, in dem ein tamilisches Fest stattfinden wird. Ich freue mich darauf.

4 Mendel 2013

Lösung: 1 – A / 2 – B / 3– C / 4 – D / 5 – E / 6 – F / 7 – G / 8 – H

Preis: Sofern Sie alle Lösungen richtig haben, dürfen Sie sich als Preis diejenige Brille aufsetzen, die für Sie am einsichtigsten wirkt und mit dieser künftig die vorgefundene Welt frönend betrachten.

BIBLIOGRAPHIE

Geertz, Clifford, 1987, Dichte Beschreibung. Beiträge zum Verstehen kultureller Systeme, Frankfurt a. M.: Suhrkamp.

Mendel, Tommi, 2013, Dynamisch Feldsituation mit der Kamera beschrieben. Ein Forschungsbericht, in: Heuser, Andreas et al. (Hg.), Erfassen – Deuten – Urteilen. Empirische Zugänge zur Religionsforschung, Zürich: TVZ, 299–318

Panofsky, Erwin, 1955, Iconography and Iconology. An Introduction to the Study of Renaissance Art, in: Panofsky, Erwin, Meaning in the Visual Arts, New York/Gloucester: Anchor Books, 26–41.

Rituale der Verzögerung

Baldassare Scolari

Was symbolisiert und charakterisiert Italiens Alltagskultur besser als die kleine Bar beziehungsweise das kleine Café, in dem morgens, nachmittags und abends Kaffee in den unterschiedlichsten Variationen getrunken wird? Ob Espresso, Corretto, Ristretto, Macchiato, Latte oder Americano – Kaffee rhythmisiert das öffentliche Leben auf der vom tyrrhenischen und adriatischen Meer umgegebenen Halbinsel.

Obwohl es forciert wäre, den Ritus des Kaffeetrinkens als religiöse Praxis zu deuten, scheint er funktional so einiges zu leisten, was gemäss bestimmter Definitionen Religion leisten soll. Man kann zum Beispiel nicht bestreiten, dass der Ritus für manche einen sakralen Charakter einzunehmen scheint und eine «im wesentlichen kollektiven Angelegenheit»[1] ist. Weiterhin kann der tägliche Besuch des

1 Durkheim 1994, 75.

Cafés mit seinen festgelegten Umgangspraxen durchaus als ein Versuch der «Krisenbewältigung»[2], der Verzögerung des Gefühls sozialer Ungewissheit und politischer Machtlosigkeit, angesehen werden. Er schafft nämlich Ordnung in einem oft als chaotisch, ziellos und sinnlos erfahrenen Alltag. Schliesslich scheinen die typischen den Ritus begleitenden Gespräche als Kommunikationsformen zu fungieren, durch welche die in der Umwelt beobachtete Kontingenz aufgearbeitet und Paradoxien «entparadoxiert» werden können.[3] Oder, um es weniger systemtheoretisch zu sagen: Beim Besuch im Café scheint die Sinnlosigkeit, zumindest für einige Minuten, Sinn zu machen. Ich lade Sie deshalb ein, meinem spekulativen und auf jahrzehntelanger Erfahrung basierenden Exkurs, der auch ohne weiteres an der Bar eines italienischen Cafés stattfinden könnte, zu folgen.

Cafés gibt es weltweit. Und es gibt weltweit konkurrierende Modelle. Es reicht, nur in der doch kleinen, überschaubaren Stadt Zürich Umschau zu halten, um sich dieser Vielseitigkeit bewusst zu werden. So gibt es die Variante des Pseudo-Wiener oder des Pseudo-Italienischen Cafés – beides Orte für Flaneurs, schick und oft im Retro-Liberty-Stil eingerichtet, der besonders jene städtischen Individuen anspricht, die ihr Leben nach dem Diktat der Mode und des Geschmacksinns der sogenannten «Hipsterkultur» organisieren. Diese eher neue, dem Zeitgeist gemässe Erscheinung setzt sich geschickt dem traditionellen bürgerlichen Café entgegen, das in der Regel von einer älteren, der eigenen wirtschaftlichen Stärke und privilegierten sozialen Position bewusst auftretenden Klientel besucht wird (ob es sich dabei doch nicht nur um eine geschickte Umformung und Anpassung des Jahrhunderte überdauernden bürgerlichen Geistes handelt, überlasse ich am Besten dem Urteil des Lesers).

Dann gibt es selbstverständlich auch das globalere, auf dem Markenprinzip basierende Modell von Starbucks Corp., welches besonders auf die Bedürfnisse des post-modernen «kognitiven Arbeiters» abgestimmt ist.[4] Der schnelle Internetzugang ermöglich es hier Produzierenden immaterieller Güter wie zum Beispiel Grafikdesignern, Dozierenden und Journalisten ohne festen Arbeitsplatz global vernetzt zu arbeiten. Starbucks Corp. ist auch der Inbegriff der Auf-

2 Riesebrodt 2000, 42.

3 Vgl. Luhmann 2002, 115–146.

4 Vgl. Marazzi 2012, 35–66.

hebung der Trennung zwischen den Räumen der *Praxis* und denjenigen der *Poiesis*, des freien Müssiggangs und der zielstrebigen harten Arbeit, des formellen und des informellen Umgangs. «Arbeit soll cool sein» – bei der erfolgreichen Vermittlung und Vermarktung dieses Lebensmottos ist Starbucks Corp. solchen Firmen wie Apple Inc. oder Google Inc. nicht unähnlich. Bei Starbucks Corp. wird man beim Vornamen gerufen. Man soll – eine durchaus wirkmächtige Form der Einschleimung – als einzigartiges Individuum, ja als absolute Individualität angesprochen werden. Es wird das Bild vermittelt, bei Starbucks Corp. sei jeder willkommen, egal wie dieses «X-Individuum» aussieht, spricht oder lebt. Natürlich ist dieses Bild trügerisch, gar ideologisch, da die Vermarktungsstrategien von Starbucks Corp. nicht alle ansprechen sollen, sondern eben gezielt den post-modernen kognitiven Arbeiter. Klempner oder Fliesenleger gehören meines Wissens nicht zur typischen Starbucks Corp. Klientel (schon nur wegen der erheblichen Preise). Die Radikalisierung der Individualität ist ein Trick, der den Anschein einer Nivellierung der Merkmale des sozialen Milieus vortäuscht.

Bemerkenswerterweise konnte sich in Italien dieses letzte Modell – zumindest bis jetzt – nicht wirklich etablieren. In Italien ist die Tradition des lokalen Cafés nach wie vor dominant. Doch was unterscheidet die italienische *Caffetteria* von den oben genannten Modellen? Zunächst einmal, dass sie zugleich lokal und national ist. Von Norden bis Süden, von Westen bis Osten findet man Bars und Cafés, die sich bezüglich Ästhetik, Art der Einrichtung und Verhaltenskonventionen zum Verwechseln ähnlich sind. Sie charakterisieren den italienischen städtischen Raum mindestens so sehr wie die Bauten der Renaissance. So befinden sich in jedem Quartier und jeder Strasse oftmals ein oder zwei solcher Cafés. Im Interieur stehen wenige Sitzgelegenheiten zur Verfügung, da die Klientel am Tresen steht. Deshalb ist es auch fast unmöglich sich dem Gespräch mit den *Cameriere* und den anderen Gästen zu entziehen. Zu den typischen mit Mimik und Gestik begleiteten Gesprächsthemen gehören zum Beispiel Politik (Stichwort «korrupter Politiker»), Fussball (Stichwort «korrupter Schiedsrichter»), gutes Essen, die schlecht funktionierende Bürokratie, die neue Liebhaberin des einen Politikers oder des anderen Fussballers (selten umgekehrt: die Liebhaber der Politikerinnen und Fussballerinnen stehen zugegebenermassen kaum im Zentrum der

Konversation). Es handelt sich um bekannte Muster, mit denen jeder vertraut ist, die iterativ wie ein Mantra verwenden werden und durch welche eine fast intime und auf jedem Fall sympathische Gesprächssituation aufgebaut und aufrechterhalten wird. Weder viel Zeit noch Sprachkenntnisse sind erforderlich, um diese zu erlernen. Fast wie Gebete wirken diese säkularen Formen der Alltagsritualität, die sich als Katalysatoren auf ein Gefühl der Geborgenheit und Heimlichkeit auswirken.

Die Wirkmächtigkeit der mit dem Verzehr des Kaffees auf engste verbundenen diskursiven Praktiken liegt nicht so sehr in dem, was gesagt, sondern vielmehr in der Tatsache, dass etwas und wie es gesagt wird. Es sind Formen des Umgangs, durch welche die Partizipation, das Interesse nicht an funktionaler, sondern an ornamentaler Kommunikation und die Lust am gemeinsamen Zeitvertrieb signalisiert werden. In dieser Hinsicht haben diese Praktiken vieles mit Sprachformen des religiösen Ritus gemeinsam. Auch hier ist nämlich, zumindest in ihrer pragmatischen und nicht theologischen Funktion, nicht das Gesagte zentral, sondern die Wiederholung von festgelegten Sprachformen. Es ist diese Wiederholung, die die Identifikation mit der religiösen Gemeinschaft und die soziale Anerkennung von Seiten derselben ständig aktualisiert.

Die Leserin und der Leser werden es gemerkt haben: Ich bin in meiner Darstellung des italienischen Cafés nicht ganz unparteiisch (und sehr wahrscheinlich auch nicht ganz frei vom klischeehaftem Denken). Tatsächlich sehe ich in dieser Angelegenheit nicht nur eine religiöse, sondern auch eine politische Tiefendimension. In einem Zeitalter, in der Gruppensolidarität oft nur durch Mechanismen der Ausschliessung Dritter zustanden kommt, in der soziale Identität für viele eine Exklusivität voraussetzt, in der die Rhetorik der Optimierung und Funktionalisierung hoch im Kurs steht, in der reaktives und schnelles Handeln gepriesen wird, in der Formen des unproduktiven und unkreativen Verhaltens als suspekt erscheinen, scheint mir das italienische Café wie ein Fels in der Brandung. Dies aus mehreren Gründen, womit ich auch auf die eingangs erwähnte rituelle-religiöse Dimension italienischer Cafés zurückkomme. Erstens, ist es ein tendenziell egalitärer und nicht exklusiver Ort, weil es auf Formen der Vergemeinschaftung basiert, die sich von jedem mit wenig Aufwand angeeignet werden können. Das Individuum definiert sich hier nicht durch die Beherrschung eines gruppenspezifischen Jargons, auch nicht durch Mode oder durch den sozialen Status (als deren Indikatoren normalerweise Beruf, Wohnort und vor allem Konsumverhalten gelten), sondern durch die Teilnahme an gemeinsamen Lebenssituationen. Zweitens liegt die Spezifizität dieser Lebenssituation in seiner Nicht-Funktionalität, oder besser gesagt, in der Tatsache, dass sie keinen Zweck hat. Sie ist der Inbegriff der Verzögerung in einer Zeit der Technisierung, die sich, um Hans Blumenberg zu zitieren, auf eine «Intention des Zeitgewinns»[5] reduzieren lässt.

Der tägliche Verzehr des Kaffees, begleitet von den immer gleichbleibenden und sich wiederholenden Gesprächen, ist eine menschliche Form des Widerstands gegen eine unmenschliche und entfremdende Beschleunigung des Lebens. In dieser Hinsicht kann man von einer Zweckmässigkeit des Unzweckmässigen reden. Schliesslich der einleuchtendste und zugleich wichtigste Grund ist die Leidenschaft, mit der die belanglosen Gespräche im Café geführt werden, was einem Nicht-Initiierten paradox erscheinen kann. Doch es reichen wenige Tage und auch der unaufmerksame Beobachter wird bemerken, dass diese Gespräche immer von einer guten Dosis der Selbstironie begleitet sind. Es ist die Leidenschaft derjenigen, die sich nicht allzu ernst nehmen. Und was gibt es Menschlicheres, Sympathischeres als die Kunst, sich selbst nicht allzu ernst zu nehmen?

BIBLIOGRAPHIE

Blumenberg, Hans, 2001, Anthropologische Annäherung an die Aktualität der Rhetorik (1971), in: Blumenberg, Hans, Ästhetische und metaphorologische Schriften, Frankfurt a. M.: Suhrkamp.

Durkheim, Emile, 1994, Die elementaren Formen des religiösen Lebens, Frankfurt a. M.: Suhrkamp.

Luhmann, Niklas, 2002, Die Religion der Gesellschaft, Frankfurt a. M.: Suhrkamp.

Marazzi, Christian, 2012, Sozialismus des Kapitals, Zürich: Diaphanes.

Riesebrodt, Martin, 2000, Die Rückkehr der Religionen. Fundamentalismus und der «Kampf der Kulturen», München: C.H. Beck.

5 Vgl. Blumenberg 2001, 420.

Versuch einer Religionsdefinition

Michael Ulrich

Mit Blick auf die zwinkernd-lachende Jesusstatue verspricht Religion offenbar Freude. Sie fordert einen zum Leben auf und fragt – mit erhobenem Daumen und auf den Betrachter oder die Betrachterin gerichtetem Zeigefinger: «Abgemacht?» Sie ermutigt – und zeigt einem den Weg. Nun, da kommt schon recht viel zusammen – alles Funktionen einer Religion. Neben der Frage aber «Was *tut* Religion?», kann man auch die Frage stellen «Was ist Religion?» Eine knifflige Frage, auf die es viele Antworten gibt, Antworten, die sich womöglich widersprechen. Daneben stellen sich des Weiteren die Fragen: «Braucht Religion einen Gott? Oder eine Göttin? Oder gleich mehrere davon? Oder geht's auch ohne?» Aber rückt denn eine Religion ohne Gott, ohne Gottesbezug nicht nahe an die Philosophie heran und hört dabei auf, Religion zu sein? Fragen über Fragen. Eine fluide Religionsdefinition, die eine definitive Festlegung vermeidet, könnte da möglicherweise hilfreich sein.

Die schiere Anzahl dieser offenen Fragen deutet darauf hin, dass hier der Versuch, den Begriffsinhalt von Religion allgemeingültig und abschliessend festzulegen, aus der Aussensicht, aus einer etischen Perspektive, stattfindet. Für die Angehörigen einer Religionsgemeinschaft, beispielsweise für glaubende Mitglieder einer der drei grossen monotheistischen Religionen, ist beispielsweise die Frage, ob Religion ohne Gott denkbar sei, hinfällig. Somit, der Klarheit zuliebe, könnte man den Versuch, Religion aus der Aussenperspektive zu definieren, gleich unterlassen. Die Deutungshoheit darüber, was Religion ist und nicht ist, was sie tut und nicht tut, wäre dann den Angehörigen einer Religionsgemeinschaft selbst überlassen. Religion wäre dann ausschliesslich aus der Innensicht, der emischen Perspektive, zu deuten. Und eben, das schafft womöglich Klarheit – birgt aber zugleich das Risiko, dass sich die naturgemäss zahlreich resultierenden Religionsdefinitionen möglicherweise diametral entgegenstehen und sich in wesentlichen Punkten widersprechen. Der Versuch, Religion allgemeingültig zu definieren, scheitert somit auch mit diesem Ansatz. So. Und wie soll es nun weitergehen?

Wenn die oben beschrieben Ansätze fast zwingend scheitern müssen, könnte es hilfreich sein, einen ganz neuen Zugang zur Definition von Religion vorzuschlagen: den Zugang über das Bild. Unterschiedliche religiöse Traditionen haben natürlich, wie könnte es anders sein, auch unterschiedliche Bezüge zum Bild im religiösen Kontext. Solche Erörterungen aber, vom Ikonoklasmus bis hin zu Ikonodulie, sollen hier einmal ausser Acht gelassen werden. Das Ansinnen, Religion über das Bild *schlechthin* zu definieren, soll erst einmal dem Versuch weichen, Religion über ein ganz konkretes Bild zu definieren: Der glücklich strahlende, augenzwinkernde Jesus, der einen direkt anschaut, und einem dabei noch mit ausgestrecktem Arm den Weg zeigt. Sein hochgestreckter Daumen der linken Hand scheint einem zudem zu vermitteln, dass «alles in Ordnung» sei. Der Frage, ob der Betrachter, die Betrachterin in dem Bild eine Jesusstatue sieht, oder Jesus selbst, soll hier nicht nachgegangen werden. Die Frage hier sei nur, ob sich der Betrachter, die Betrachterin von diesem Bild einer Jesusstatue ansprechen lassen möchte. Wenn ja, dann ist dieses Bild eine liebevolle Ermunterung, vielleicht sogar Aufforderung, sich dem Leben zu stellen. Religion ist hier nicht als Rückzug ins innerweltliche Heil zu verstehen, sondern als Aufforderung zur Hinwendung zur realen Lebenswelt. Der Daumen seiner linken Hand zeigt nach oben, Jesus versichert der Betrachterin, dem Betrachter, dass ‹es› schon nicht schiefgehen wird – Religion als stützende Kraft, die einem den Mut, die Kraft und Zuversicht verleiht, im Leben zu bleiben, und sich, immer wieder aufs Neue, dessen Anforderungen zu stellen. Seneca, im 93. Brief an Lucilius, schreibt: «Wie lange ich lebe, liegt nicht in meiner Macht; dass ich aber, solange ich lebe, wirklich lebe, hängt von mir ab.» Dieses wirkliche Leben zu wagen, das ist es, wozu der Jesus im Bild freudig auffordert.

Der Mensch mag Idealvorstellungen vom Leben und seinen Chancen haben. Wie der Begriff schon sagt, sind dies Vorstellungen, die als Idee, und nur als Idee existieren. Diese Vorstellungen leben in der Idealität – in der Welt der Ideen also. Die Lebenswirklichkeit und ihre reellen Chancen aber finden in der Realität, in der Welt der Dinge statt – dies, wie gesagt, im Gegensatz zu den erdachten Chancen, die ausschliesslich in der Idealität, in der Ideenwelt existieren. Die Kunst liegt nun darin, die realen Chancen, die sich im Leben bieten, nicht deswegen zu übersehen, weil sie von den erdachten und erhofften Chancen abzuweichen scheinen. Nur wer die *reale* Chance erkennt, dem öffnet sich das Leben. Für diesen Menschen ist das Glas halbvoll – und nicht halbleer. Der Jesus im Bild weist den Weg mit dem Daumen nach oben. Religion in diesem Sinne spendet Zuversicht, sich dem realen Leben anheim zu geben. Sie hilft einem, die Kluft zwischen Idealität und Realität zu überwinden, den Sprung zu wagen. So kann Religion den Menschen in sein Leben führen.

Menschen erforschen das All und finden viele Dinge, aber was sie nicht zu finden scheinen, ist Leben. «Wert hat, was knapp ist», sagen die Ökonomen. Somit, und ganz unabhängig von religiöser Konnotation, ist das Leben etwas vom Wertvollsten, das es gibt. So verstanden, ist Religion die Aufforderung, das grösste Geschenk, das einem gegeben ist, anzunehmen – die Aufforderung also, das Leben, das Eigene, zu leben.

Das zwinkernde Auge Jesu vertreibt die lähmende Schwere der Furcht. Religion ist zuversichtspendende Quelle. Davon getragen vermag der Mensch Angst auszuhalten – und wer Angst aushalten kann, ist nicht mehr gelähmt. Wer die Angst leugnet, verliert die Gabe, zwischen Mut und Tollkühnheit unterscheiden zu können. Das ist gefährlich. Wer aber die Angst aushält und lesen lernt, kann sich dem Leben stellen, kann das *eigene* Leben leben. Wer aus Angst den nächsten Schritt nicht mehr machen kann, der hat seinen Lebensweg beendet, zählt bloss noch die Tage bis zu seinem Ableben, der Tod ist schon eingetreten. Wer aber seine Angst an die Hand nimmt und, die aufmunternde Geste Jesu vor Augen, achtsam weitergeht, dem steht das Leben offen. In diesem Sinne ist Religion das, was Menschen zum Leben brauchen: die Kraft und die Zuversicht, sich ins Leben zu begeben – und darin zu verweilen – und ihren Weg zu gehen, hin zu sich selbst. In diesem Sinne verstanden ist Religion das Tor zum eigenen Leben. Es ist wie beim Rudern: Der Rücken ist dem Ziel zugewandt. Was kommt, das liegt im Verborgenen. Religion spendet dabei Zuversicht, den Raum der gegenwärtigen Zukunft zu betreten, und somit, die neue, zukünftige Gegenwart zu ermöglichen. Das Leben verlangt nach Fortsetzung – und dazu kann Religion einem die Kraft, Zuversicht und damit auch die nötige Gelassenheit geben.

ORANGE

Religion im Relief *Wolfgang W. Müller*

Auf die Frage an Navid Kermani, was für ihn Rettung bedeute, antwortete er mit einer Erzählung aus seiner Kindheit. Er schilderte eine Begebenheit, bei der er wegen quälender Ohrenschmerzen als kleines Kind von seiner Mutter getröstet wurde; eine Begebenheit, die er als früheste Erinnerung im Gedächtnis hat. Navid Kermani erinnerte sich in seiner Erzählung an «den medizinisch gewiss harmlosen, für mich jedoch ganz ungewohnten, schockierenden Ohrenschmerz, wegen dem ich schreie, und meine Mutter – es muss Nacht gewesen sein, Nacht oder Abend, weil ich das tiefe Blau der Vorhänge vor Augen habe – meine Mutter holt mich aus dem Gitterbett und nimmt mich in ihre Arme, dieses Gefühl des umfassenden Trostes, das den Schmerz nicht verscheuchte, aber nicht mehr als das schlechthin Unheimliche erscheinen liess, dieses Gefühl, mit dem Schmerz nicht mehr allein zu sein – wie lang mag ich geschrien haben, bis meine Mutter mich aufhob? –, die Sicherheit, von der Mutter gewiegt zu werden, im konkreten, physischen Schmerz geherzt: Es ist jemand für dich da, dieser Umschlag von der bodenlosen Einsamkeit und Verlorenheit in die Geborgenheit und eitle Befriedung, im Zentrum der Aufmerksamkeit und Liebe zu stehen.»[1]

In der kleinen Stadt St. Wendel im Saarland wurde im Auftrag des Trierer Kurfürsten eine Basilika gebaut, die dem Heiligen Wendel geweiht wurde und sich zu einem lokalen Wallfahrtsort entwickelte.[2] Die Kirche partizipierte an der wechselvollen Geschichte der Stadt, die als Zeuge in Stein verschiedene Erbfolgekriege, die französischer Revolution und die politischen Entwicklungen des Saarlandes im 20. Jahrhundert erlebte. Das Relief am nördlichen Seitenportal der Basilika stellt den Heiligen Matthias, Patron des Bistums Trier, und den Heiligen Wendel, Patron der Stadt, dar. Beide Heiligen huldigen der thronenden Gottesmutter mit Jesuskind. Im Folgenden soll der Frage nachgegangen werden, in wieweit dieses Motiv als ikonographischer Ausdruck dessen verstanden werden kann, was Religion bezeichnen will.

Der Begriff der Religion ist vieldeutig. Er wird bereits in vorchristlicher Literatur verwendet.[3] Cicero spricht in seiner Schrift *De natura* von *religio* im Zusammenhang von *pietas* und *sanctitas*. Der Begriff wird bei ihm im Kontext von Kultus und Ritus verwendet. Der ausserchristliche Begriff der *religio* fand Eingang in die Sprache der jungen Kirche und ihrer Theologie. Wirkungsgeschichtlich sind die Begriffsbestimmungen von Augustinus und Isidor von Sevilla von Bedeutung. Thomas von Aquin bindet seine Definition von Religion an seine Tugendlehre und versteht seine Nominaldefinition als einen gewissen Ausgleich zwischen Glauben und Religion.[4] Religion wird dabei als ein Ausdruck des Glaubens verstanden. Diese Bestimmung lässt jedoch offen, ob Glaube stets einen religiösen Ausdruck finden muss. Wird in der Neuzeit die Verträglichkeit von Religion und Glaube kontrovers debattiert (so bei K. Barth[5] und D. Bonhoeffer[6]), spricht das II. Vatikanum von Religion

---

1 Kermani 2015, 92.

2 Siehe zum Folgenden Sankt Wendelinus 2016.

3 Zur Begriffsgeschichte von Religion siehe Wagner 1986.

4 «Religio est quaedam protestatio fidei.» (STh II-II q. 101, a. 3, ad 1).

5 «Was ist Religion? Nichts. Ein psychologisches Faktum unter anderen.» Barth 1963, 80.

6 «Wir gehen einer völlig religionslosen Zeit entgegen; die Menschen können einfach, so wie sie nun einmal sind, nicht mehr religiös sein.» Bonhoeffer 1962, 178f.

als etwas dem Menschen Vorgegebenem. In *Nostra aetate* wird Religion verstanden als «Antwort auf die ungelösten Rätsel des menschlichen Daseins» (NA, Art. 1). Neuerdings wird der Begriff von neo-naturalistischen Strömungen radikal in Frage gestellt.[7]

Sicherlich wurde die Muttergottes-Darstellung mit Jesuskind in vormoderner Zeit im Sinne der klassischen Definition von Religion als Ausdruck der *pietas* und im Sinne von religare verstanden. Der Heilige Matthias und der Heilige Wendel binden durch ihr Gebet das Schicksal der Gläubigen und Bewohner und Bewohnerinnen der Stadt St. Wendel an den Schutz der Gottesmutter und ihres Kindes. Mentalitätsgeschichtlich lässt sich die Marienfrömmigkeit der katholischen Kirche verstehen als eine vermittelnde Schutz- und Trostfunktion dem transzendenten Gott gegenüber. Das Motiv «Mutter–Kind» steht exemplarisch für diesen Aspekt von Schutz und Trost und lässt sich in vielen Religionen finden.[8]

Das Relief der St. Wendel-Basilika kann jedoch auch in einer modernen Perspektive beschrieben werden. Dabei wird der Begriff der Religion nicht mehr ontologisch, sondern funktional verstanden. Religion wird dann nicht mehr im Sinne der Religionskritik des 19. Jahrhunderts als ein sich auflösender Begriff gesehen, sondern evolutionstheoretisch behandelt.[9] Einerseits kann Religion als eine bestimmte Art menschlicher Selbsttranszendierung verstanden werden, andererseits als eine Möglichkeit, den Menschen zum Menschen zu machen. Religion kann dabei theologisch zum einen als Erfahrung konzipiert werden, die Interpretation und Sinngebung hervorbringt. Dabei wird Erfahrung in Verbindung mit dem Alltäglichen gebracht (so etwa in den Konzepten von Paul Tillich und Edward Schillebeeckx). Zum anderen wird Religion in anderen Theorieentwürfen in Verbindung zur Anthropologie gebracht. Religion als *way of life* begründet dann moralische und kulturelle Lebensvollzüge.

In dieser (post-)modernen Perspektive wird die mütterliche Trostfunktion des Reliefs mit marianischen Motiven ideologiekritisch gelesen und stirbt deswegen als Idol. In der funktionalen Sichtweise

7 So etwa bei Dawkins 2007 und 1994.

8 Vgl. Norden 1924; Merkelbach 2001. Siehe auch die Ausstellung: «hold und mächtig». Das Bild der Mutter in den Kulturen. Ausstellung Religio. Westfälisches Museum für religiöse Kultur. Telgte, 12.05.–22.09.2013.

9 «Es scheint, soweit wir wissen, keine Menschen ohne ‹Religion› zu geben – wie immer man dieses Phänomen im Einzelnen zu bestimmen sucht.» Stolz 1997, 9.

der Religion wird es dagegen zu einem Symbol des Seins, das «zu denken gibt» (Paul Ricœur).[10] Unter dem Aspekt der Mensch-Werdung drückt das Relief nicht mehr die ideologische «Liebe zum Schicksal» aus, sondern artikuliert einen «Glauben, der die Erde liebt»[11]. Das Motiv illustriert als Liebe zur Schöpfung einen Trost, der weder Entschädigung von aussen erwartet, noch ein Rachemotiv transportiert, sondern ein Liebesmotiv artikuliert, das den Lohn in sich selbst findet und sich selbst eigener Trost ist. Mit Charles Taylor kann der Begriff Religion unter einem Doppelkriterium gefasst werden: «Zum einen durch den Glauben an eine transzendente Realität, zum anderen durch das damit zusammenhängende Streben nach Transformation, die über das normale Gedeihen hinausgeht.»[12]

BIBLIOGRAPHIE

Barth, Karl, 1963, Der Römerbrief, Zürich: TVZ.

Bonhoeffer, Dietrich, 1962, Widerstand und Ergebung, München: Chr. Kaiser.

Dawkins, Richard, 2007, Der Gotteswahn, Berlin: Ullstein.

Dawkins, Richard 1994, Das egoistische Gen, Oxford/Heidelberg: Springer.

Kermani, Navid, 2015, Ungläubiges Staunen, München: C.H. Beck.

Norden, Eduard, 1924, Die Geburt des Kindes. Geschichte einer religiösen Idee, Leipzig: Teubner.

Merkelbach, Reinhold, 2001, Isis regina – Zeus Sarapis, Berlin: De Gruyter.

Rahner; Karl, 1966, Glaube, der die Erde liebt, Freiburgi. Br.: Herder.

Ricœur; Paul, 1974, Die Interpretation. Ein Versuch über Freud, Frankfurt a. M.: Suhrkamp.

Sankt Wendelinus, 2016, www.sankt-wendelinus.de, abgerufen am 09.03.2016.

Stolz, Fritz (Hg.), 1997, Homo naturaliter religiosus. Gehört Religion notwendig zum Mensch-Sein?, Bern: Peter Lang.

Taylor; Charles, 2009, Ein säkulares Zeitalter, Frankfurt a. M: Suhrkamp.

Wagner; Falk, 1986, Was ist Religion?, Gütersloh: Gütersloher Verlagshaus.

---

10 Im Folgenden wird Bezug genommen auf Ricœur 1974.

11 So das gleichnamige Werk von Rahner 1966.

12 Taylor 2009, 851f.

Religion … Darf's ein bisschen mehr sein?

Christoph Lucas Zapf

Die Frage, wie Religion zu definieren ist? Schnell beantwortet: Religion ist das, was jemand für Religion hält. Vornehme Zurückhaltung. Die Definition muss schon jeder selbst übernehmen. Die Religionswissenschaft analysiert diese Fremddefinitionen, zieht Parallelen, kategorisiert, deckt Argumentationen und Interessenleitungen auf. Ein diskursiver Religionsbegriff: Beschrieben wird das, von dem andere zu wissen glauben, dass es Religion ist. In etwa so, wie es ein Richter des amerikanischen Supreme Court in den 1960er-Jahren auf die Frage, was Pornographie sei, sagte: «I can't define it. But I know it when I see it.» Thank you Judge, erster Punkt in der Definition. Aber halt! Hunderte Laufmeter Literatur können doch nicht irren! Grundproblem der Disziplin, Ursache zahlloser Seminare, Konferenzen, Kolloquien, da muss doch mehr dahinterstecken. Also einen Schritt zurück.

Bei der Frage, welche Themen ihn betreffen, muss der Religionswissenschaftler nicht auf eine eigene Definition von Religion zurückgreifen. Vielmehr kann er sich aus einem Fundus von Themen bedienen, die von anderen als Religion bestimmt wurden. Besonders eindeutig sind dabei Institutionen wie etablierte Kirchen oder die fünf Weltreligionen und deren Abwandlungen. Also der Blick in die Religionsgeschichte – zweiter Punkt in der Definition. Kniffliger wird es, wenn man sich von diesen Klassikern löst und auf die Ebene des Individuums wechselt. Und hier kommt das abgedruckte Bild ins Spiel.

Wir sehen auf dem Foto drei Bücher, gedeckte Töne, beruhigend, dunkelgrün, orange. Hier entschleunigt und beruhigt schon der Blick ins Regal. In den Titeln und Untertiteln entdecken wir die Stossrichtung der abgebildeten Werke: «Einsichten, die Ihr Leben verändern werden», «Meditation für Skeptiker», «20 Minuten täglich, die Ihr Leben verändern». Aha, Erbauungsliteratur, folgert der geschulte Beobachter. Hier geht es um die grossen Themen: Sterben, Leben, das Selbst. Der Begriff «Religion» fällt nicht. Individuen – hier: die Autorinnen, Autoren, Leserinnen und Leser – beschäftigen sich also mit Themen, die man aus der Religionsgeschichte kennt, ohne dass diese explizit als Religion benannt werden: Konzepte für ein Leben nach dem Tod, Bezüge zu ausserweltlichen Mächten, Vorgaben für klassische grosse Anlässe wie Geburt, Adoleszenz, Heirat, Sterben. Ganz allgemein etwas, das die grosse Unordnung des Lebens (Kontingenz) strukturiert. Also eine religiöse Fremdzuschreibung – dritter und letzter Punkt in der Definition. Zusammengefasst sind Religionswissenschaftlerinnen und Religionswissenschaftler inhaltlich dabei, wenn Folgendes auftaucht:

1. Eine religiöse Selbstzuschreibung
2. Ein religionsgeschichtlich eindeutiger Bereich
3. Ein religionsgeschichtlich bekanntes Motiv ausserhalb des religionsgeschichtlichen Zusammenhanges

Beispiele. Jemand sagt: «Fussball ist meine Religion.» Und schon sind wir dabei, denn das ist eine religiöse Selbstzuschreibung. Jemand sagt: «Ich bin Christ.» Einfach, wir sind dabei, etablierte Religion. Oder, so wie auf den Büchern im Bild, jemand schreibt: «Sterben. Leben. Achtsamkeit.» Der Experte erkennt klassische Motive aus der Religionsgeschichte, und wir sind dabei. Wir sehen also, ganz abstrakt, individuelle Zuschreibungen und Bedürfnisse nach Religion und verschiedene Möglichkeiten, diese Bedürfnisse zu befriedigen. Anders gesagt: ein Markt religiöser Nachfrage und religiöser Angebote. Der interessierte Leser stockt einen Moment. Angebot und Nachfrage? So wie auf dem Bazar? Ganz genau. Ein Markt, ein Supermarkt der Religion. Nicht Blasphemie, sondern Religionsökonomie. Die Religionsökonomie ist ein Forschungsbereich innerhalb der Religionswissenschaft. Sie beschäftigt sich mit den Themen im Schnittbereich zwischen Religion und der Ökonomie. Grundsätzlich gibt es dabei zwei Herangehensweisen: Wie Religion ökonomische Themen beeinflusst (Was sagt meine Religion zum Arbeiten?) und wie ökonomische Themen Religion beeinflussen (zum Beispiel das Marketing eines Tempels).

Also ein religionsökonomischer Definitionsversuch von Religion. Unter den Vorzeichen von Angebot und Nachfrage wird Religion als dynamischer Bereich sozialer Interaktion begriffen. Nicht als absolute, letztlich mystische und unverständliche Grösse, nicht als monolithisch vorgegebener Block, sondern als lebendiger und durch menschliches Handeln und Aushandeln bestimmter Bereich. Diese Betrachtungsweise hilft, Religion auf zwei Ebenen besser zu verstehen:

Die Nachfrageseite – Welche Faktoren bewegen ein Individuum dazu, sich einer Religion anzuschliessen? Aus Tradition und Gewohnheit? Ist Religion also eine Frage der Effizienz, weil man Abläufe kennt und in der Gemeinde Freunde und Freundinnen hat? Ist es, weil ein religiöses Angebot besonders gut auf das derzeitige Innenleben eingeht, der Tempel nah ist, das Essen gut schmeckt, der Pfarrer gut aussieht? Wahlhandlungen sind komplexe Vorgänge, die nicht vor dem Heiligen haltmachen. Der Gläubige als religiöser Konsument.

Die Angebotsseite – Warum gibt es unterschiedlich grosse Gemeinschaften? Welche Religionen haben aus Tradition einen Vorteil und welche müssen sich mühsam gegen die etablierten Glaubensgemeinschaften durchsetzen? Ist es sinnvoll, ein LED-beleuchtetes Taufbecken zu installieren oder mag die Gemeinde es eher konservativ? Nicht zuletzt geht es darum, Geld einzusammeln, um die Arbeit aufrecht zu erhalten. Auch Priester müssen ihre Miete bezahlen. Ergo: Glaubensinstitutionen als religiöse Produzenten.

Die Beschreibung reduziert Religion auf ihre sozialen Formen und Funktionen. Sie spart jene mystischen Elemente aus, die Bestandteil einer religiösen Innenperspektive sind. Dies verlangt die Offenheit, von bestehenden Religionsvorstellungen Abstand zu nehmen.

Kein ganz einfaches Unterfangen, wie folgendes Beispiel zeigt. Eine befreundete Pfarrerin erzählt von einem Paar, das sich in ihrer Kirche trauen lassen möchte. Das Paar kommt zwar nicht in den Sonntagsgottesdienst, aber eine kirchliche Trauung hätten sie gerne. Die Vorgespräche drehen sich mehr um Dekoration als um theologische Aspekte der Ehe. Während des Traugottesdienstes dann der folgerichtige Höhepunkt: Der engagierte *Wedding Photographer* will die vollkommene Inszenierung – Pfarrerin und Brautpaar während des Gelübdes im perfekten Licht, recht freundlich, bitte etwas zur Seite, korrekte Pose. Überflüssig zu sagen, dass der Pfarrerin in diesem Moment der Kragen platzt und sie mit deutlichen Worten die Aufmerksamkeit vom Fotografen wieder zum Heiligen Bund lenkt. Fotos gab es dann vor der Kirche. Was war das denn? Das Paar wollte die Kirche als Kulisse, religiöse Form vor Inhalt. Nachfrage nach einem spirituell-erbaulichen Rahmen für die Hochzeit, ein unvergessliches Erlebnis für Bekannte und Familie. Für die Pfarrerin hat das nichts mehr mit Religion zu tun, für die Theologin ein Skandal. Für uns ein gutes Beispiel, wie Religion heute aussehen kann und eine veränderte Nachfrage bestehende Angebote beeinflusst.

Es geht in der Religionsökonomie nicht darum, Religion auf den Markt zu trimmen, Religion als Produkt gegen andere Produkte antreten zu lassen. Es geht darum, ein wenig Licht in das Dunkel individueller Entscheidungen zu bringen. Zu versuchen, Entstehung und Entwicklung von Religion – beim Individuum und der Institution – treffend zu modellieren. Dazu kann die Religionsökonomie beitragen.

LITERATURHINWEISE ZUM EINSTIEG IN DIE RELIGIONSÖKONOMIE

Berger, Peter L., 1965, Ein Marktmodell zur Analyse ökumenischer Prozesse, in: Internationales Jahrbuch für Religionssoziologie – Religiöser Pluralismus und Gesellschaftsstruktur I, 235–249. Religionssoziologischer Klassiker, der die Marktperspektive religionswissenschaftlich einführte.

Pezzoli-Olgiati, Daria, 2015, Religion in Cultural Imaginary. Setting the Scene, in: Pezzoli-Olgiati, Daria, (Hg.): Religion in Cultural Imaginary. Explorations in Visual and Material Practices, Baden-Baden: Nomos/Zürich: Pano, 9–38. Zu den facettenreichen Formen von Religion heute und der Notwendigkeit, diesen mit innovativen Methoden religionswissenschaftlich auf den Grund zu gehen.

Smith, Adam/Wight, Jonathan, 2007, An inquiry into the nature and causes of the wealth of nations (1776), Petersfield: Harriman House. Der *godfather* neuzeitlicher Ökonomie widmet in diesem Klassiker ein ganzes Kapitel der Beschreibung von Kirchen als Teilnehmer eines Marktes: «Of the Expense of the Institutions for the Instruction of People of all Ages».

Zapf, Christoph Lucas, 2014, Die religiöse Arbeit der Marktwirtschaft. Ein religionsökonomischer Vergleich, Baden-Baden: Nomos/Zürich: Pano, Gibt eine ausführliche Einführung in die verschiedenen Formen der Religionsökonomie und entwickelt anhand der berühmten Luther'schen Arbeitsethik einen interdisziplinären Zugang.

Architecture of Eternity

Sean Michael Ryan

Winter light illumines the *Piazza San Pietro* (Vatican/Rome, Italy). The low sun transfigures the sculpted saints on the southern balustrade, drawing the viewer's gaze clockwise around the sweeping curve of the colonnade to the central obelisk piercing the enclosing clouds with its triumphant cross. The façade of St Peter's Basilica, partially concealed behind a festive tree, affords a glimpse of still loftier saints culminating in the central figure of the risen Christ positioned before the majestic dome.[1]

The architecture of the *Piazza san Pietro* shapes a theological world-view in stone and offers its visitors a performative role to play, as actors in this sacred theatre. Contemporary visitors to the piazza are transported back to the era of the Counter Reformation (around

1 Cf. Pinelli 2000, Vol 1, 35 on the 140 sculpted saints; Pinelli 2000, Vol 2, Notes 7–9 on the red obelisk.

1650) when the architect Gian Lorenzo Bernini was commissioned by Pope Alexander VII to re-design the sacred space in front of St Peter's Basilica.[2] Negotiating design-constraints Bernini created a dual-functioning space: a broad oval piazza in which large crowds of pilgrims can gather, ringed by semi-circular colonnades for festive procession. This functional design expresses a theological world-view, spelt out by Bernini in his famous *concetto* (governing idea or conceit):[3]

> For since the Church of St Peter is, as it were, the mother of all others, it must have a portico that indeed expresses the fact that she, with maternally open arms (*a braccia aperte maternamente*), receives Catholics to confirm them in their faith, heretics to reunite them with the church, and infidels to illuminate them into the true faith.[4]

The spatial relationship between the buildings (colonnade and basilica) and the movement of visitors within this sacred space combine to convey a world-view expressed most eloquently in the *Corpus Christi procession.*

Bernini's design invited seventeenth century visitors to the piazza to become actors in this sacred theatre,[5] most notably in the annual *Corpus Christi* procession. The feast originated in the thirteenth century as a celebration of the institution and real presence of Jesus in the Eucharist, and was celebrated on the Thursday after Trinity Sunday (between 21 May and 24 June, depending on the date of Easter) as a joyous counterpoint to Maundy Thursday.[6] In Rome the *Corpus Christi* procession was led by the Pope carried in a sedan chair accompanied by clergy, as well as religious and civic dignitaries carrying banners. The procession moved in a U-shape, under tempo-

2 Cf. Lavin 2005, 144–146; Marder 1998, 123–68; Pinelli 2000, Vol 1, 30.

3 Cf. Marder 1998, 123–142 (plates 122–123) on counter drawings critical of the contorted arms in Bernini's design.

4 Bibliotheca Apostolicum Vatican MS Chigi H II 22 fols. 105–109v (c. 1659/60); cited by Mormando 2013, 206; cf. Lavin 2005, 151–152; 158: «[...] the dome became the head, the façade the chest and shoulders, and the colonnades the embracing arms of the mother church».

5 On the theatricality of Baroque architecture and Bernini's role as scenographer for church and court ceremonies see Warwick 2012.

6 Cf. Pope Urban IV, Transiturus (1264). On the liturgy of the feast (attributed to St Thomas Aquinas), processions and dramas see Rubin 1991, 164–196; 243–287.

rary canopies, commencing in the Vatican palace and ending in the basilica.[7] Bernini's construction of *permanent* Doric columned colonnades encircling the whole piazza heightened the grandeur of the *Corpus Christi* procession – the greatest annual «urban» devotion of the church calendar – reshaping its «choreography».[8] Pilgrims no longer crossed the piazza in two straight lines, but rather processed around the encircling arms of Mother Church. The architectural design expressed the Roman Catholic Church's confident celebration of the *Corpus Christi* feast in the Counter Reformation period in the face of Protestant critique of the theology of the Eucharist.[9]

Time is similarly reshaped in this sacred space, with fragments of Old St Peters lying just beneath the surface, like a palimpsest. The slow emergence of the «new» basilica in the sixteenth and seventeenth centuries represented a struggle for it to grow out of and within the old, due to conflicting aims of preservation amidst demolition. Remnants were salvaged, notably the memorial shrine («trophy») to St Peter (2nd century AD) as well as selected columns from the old Constantinian construction (4th century AD) reused as building spolia.[10] Goffi evocatively describes the renewed building as a «reliquary» of the old: «New St. Peter's [establishes] a specific relationship with the Old; key elements were to be selectively remembered in order to assure the everlasting presence of the temple.»[11] As a result the «eternity» of St Peter's is facilitated by selective acts of memory preservation, ensuring continuity of identity amidst extensive change and innovation.

Our image of the *Piazza san Pietro* hints at three facets that may inform a definition of religion. One, religion offers a perspective on the world, a worldview, a way of shaping and organizing sacred space (*Piazza san Pietro* as Mother Church) and sacred time (*Corpus Christi*).[12]

7 Cf. Snickare 2012, 72–73. See the anonymous painting in the Museo di Roma depicting the Corpus Christi procession in Rome in the 1640s http://www.artehistoria.com/v2/jpg/CDP10955.jpg, accessed on 12.04.2016.

8 Cf. Lavin 2005, 144–145; Snickare 2012, 73–74. The inscriptions on Bernini's colonnades (Isaiah and Psalms) are keyed to the Corpus Christi procession, interpreted as ascending the mountain of the Lord to kneel in His presence; cf. Lavin 2005, 152–155.

9 The contemporary Corpus Christi procession (2015) passes through the Roman streets from the Archbasilica of St John Lateran to the Basilica di Santa Maria Maggiore.

10 On Old St Peter's cf. Pinelli 2000, Vol 3, 191–218.

11 Goffi 2013, 41 and 127.

12 On sacred space and time cf. Strenski 2015 discussing Mircea Eliade.

Second, religion may inform not simply how one sees the world, but also how one acts (or «should» act) in the world, not least as an actor in sacred space and time (*Corpus Christi* procession).[13] Third, religion may shape memory, guiding what is selected and retained from a religious community's archival memory, as it constructs and passes on its own self-identity (Old St Peter's Basilica and New St Peter's Basilica).[14]

BIBLIOGRAPHY

Assmann, Aleida, 2006, Memory, Individual and Collective, in: Goodin, Robert E./Tilly, Charles (eds.), The Oxford Handbook of Contextual Political Analysis, Oxford: Oxford University Press, 210–224.

Goffi, Federica, 2013, Time Matter(s). Invention and Re-imagination in Built Conservation. The Unfinished Drawing and Building of St Peter's, the Vatican, Farnham: Ashgate.

Lavin, Irving, 2005, Bernini at St Peter's. Singularis in Singulis, in Omnibus Unicus, in: Tronzo, William (ed.), St Peter's in the Vatican, Cambridge: Cambridge University Press, 111–243.

Marder, T. A., 1998, Bernini and the Art of Architecture, New York/London: Abbeville Press.

Mormando, Franco, 2013, Bernini. His Life and His Rome, Chicago: University of Chicago Press.

Pinelli, Antonio, 2000, The Basilica of St Peter in the Vatican, 4 Vols, Modena: Franco Cosimo Panini.

Rubin, Miri, 1991, Corpus Christi. The Eucharist in Late Medieval Culture, Cambridge: Cambridge University Press.

Snickare, Mårten, 2012, How to do things with the Piazza San Pietro. Performativity and Baroque Architecture, in: Peter Gillgren/Snickare, Mårten (eds.), Performativity and Performance in Baroque Rome, Farnham: Ashgate, 65–86.

Strenski, Ivan, 2015, Understanding Theories of Religion. An Introduction, Oxford: Wiley Blackwell, 142–154.

Warwick, Genevieve, 2012, Bernini: Art as Theatre: New Haven & London: Yale.

13 On performativity cf. Snickare 2012 discussing J. L. Austin. Contemporary visitors to St Peter's Basilica in 2015 and 2016 are encouraged to perform another action in this sacred space, that of passing through the Holy Door (Jubilee Year of Divine Mercy).

14 On memory cf. Assmann 2006.

Als ich losging, um zu sehen

Monika Glavac

Irgendeine Stadt, in einer Seitengasse nahe einer Kirche. Die Glocken läuten Mittag. Die Sonne brennt. Ich sitze auf einer Bank vor einem Café und schaue. Dieses Graffiti – was soll es mit Religion zu tun haben? Nichts! Genau das werden sie sagen, und schon höre ich den nervösen Klang meiner Stimme, die Worte sucht.

Gestern Abend, es war schon nach zehn Uhr, ging ich zum Hauseingang, der sich rechts der besprühten Nische befindet. Ich suchte die Klingel, fand sie aber nicht und klopfte. Ich hörte Schritte, die hinter der Tür verhallten. Eine junge Frau machte auf.

Müde von gestern Nacht starre ich auf das Bild. Nein, es sind Bilder. Nein, es sind Farbpartikel auf Ziegelsteinen, Lichtreize, die an mein Gehirn weitergeleitet und dort in Bilder umgewandelt werden. Meine inneren Bilder, stetig neu gefüttert mit Erfahrungen, Erinnerungen. Die Erinnerung an gestern Nacht.

Die junge Frau leitete mich eine Treppe hoch und zeigte auf eine Wohnungstür. Ich drückte die Klinke, und die Tür öffnete sich. Vorsichtig schob ich einen dunklen, schweren Vorhang beiseite. Ich blickte zurück, aber die junge Frau war weg. Ich spürte mein Herz pochen. Jetzt schlägt es wieder, versucht, den Gedanken nachzujagen. Hastig hole ich mein Notizbuch aus der Tasche und suche vergeblich nach einem Stift. Ich frage den Kellner, der sich gelangweilt an den Tresen lehnt. Er reicht mir einen Kugelschreiber. Ich schreibe:

Streetart ist Gestaltung des öffentlichen Raums, eine Kommunikationsform, die mehrstimmig und überlappend ist. Sie drückt Befindlichkeiten von Menschen und gesellschaftliche Stimmungen aus.

Ich setze mehrmals den Stift ab, denke nach, korrigiere.

Der relativ neue Begriff streetart steht in der Tradition der graffitos, der Wandmalereien, die man seit der Antike kennt. Die meist anonymen Malereien, Zeichnungen, Schriftzüge können Kritik enthalten, gesellschaftliche Missstände darstellen und sie karikieren; sie übermitteln Botschaften.

Die Wand vor mir wird zunehmend zu einem Kaleidoskop. Ich fokussiere ein Element, dann mäandern meine Augen zum nächsten, ständig ergibt sich ein neues Muster. Sie werden mir die Frage nach der Religion stellen. Was ist Religion? Wie wird sie dargestellt? Ich versuche sie zu fassen, aber sie entzieht sich mir. Wie das Kaleidoskop, das in meiner Hand auf jede Bewegung reagiert und immer neue Formen hervorbringt, wandelt sie sich je nachdem, womit ich sie in Verbindung setze.

Gestern Abend sah ich sie. Hinter dem Vorhang befand sich ein schwach beleuchteter Flur, auf einer Kommode stand eine Kerze. Hinten trat durch eine matte Türscheibe Licht. Ich hörte Stimmen und bewegte mich auf sie zu. Plötzlich wurde es still. Mir stockte der Atem.

Ich setze den Stift ab. Der Kellner kommt auf mich zu und fragt, ob ich noch einen Wunsch habe. Ich verneine. Als er sich entfernen will, halte ich ihn auf und frage, ob er die Frau aus dem ersten Stock drüben gekannt habe. «Ja», sagt er und schüttelt den Kopf, «traurig, dass sie nicht mehr da ist.»

Die Tür mit der Glasscheibe ging auf, und eine Frau um die Fünfzig trat in den Flur, ihre Haare hingen matt herab, ihre Augen waren aufgequollen. Hinter ihr folgte ein Mann, er hielt seinen Blick gesenkt. Die Frau schaute kurz auf und erblickte mich. Sie schluchzte. Sie traten in das gegenüberliegende Zimmer ein. Ich ging ihnen hinterher. Ich nehme mein Notizheft wieder auf und setze meine Überlegungen fort:

Es geht nicht um die Frage nach Religion, was sie ist, wo sie ist, weshalb sie ist. Religion ist die Frage selbst. Die Frage nach dem Was, Wo, Wohin, Weshalb. Fragen, die verbunden mit dem menschlichen Kommen, Sein und Vergehen sind.

Ich fixiere das Graffiti: Am Dolch, den das tote Gerippe drohend schwingt, klebt Blut. Ich halte mich daran zu schweigen, wie die Frau unten links in der Ecke gemahnt.

So betrat ich schweigend das Zimmer und sah.

VERZEICHNIS DER AUTORINNEN UND AUTOREN

Bärbel Beinhauer-Köhler, Prof. Dr., ist Professorin für Religionsgeschichte an der Philipps-Universität Marburg.

Dolores Zoé Bertschinger, M.A., ist Assistentin für Religionswissenschaft an der Ludwig-Maximilians-Universität München und Mitherausgeberin der Zeitschrift «Widerspruch – Beiträge zum Sozialismus».

Pierre Bühler, Prof. Dr., war bis 2015 Ordinarius für systematische Theologie, insbesondere Hermeneutik und Fundamentaltheologie, an der Theologischen Fakultät der Universität Zürich und Mitleiter des dortigen Instituts für Hermeneutik und Religionsphilosophie. Er ist an verschiedenen Forschungsprojekten und Kooperationen beteiligt, unter anderem mit dem Centre Dürrenmatt Neuchâtel und der Eglise protestante unie de France.

Brigitt Bürgi ist bildende Künstlerin, Kunstvermittlerin und Kuratorin.

Léa Burger, M.A., ist Produzentin und Redakteurin beim Schweizer Radio und Fernsehen SRF sowie Co-Redaktionsleiterin der Zeitschrift «Neue Wege – Beiträge zu Religion und Sozialismus».

Peter Fischer, Kunsthistoriker, Literatur- und Musikwissenschaftler, ehemals Kurator der Daros Collection sowie Direktor des Kunstmuseums Luzern und des Zentrum Paul Klee, arbeitet seit 2016 als freier Kurator und Kunstsachverständiger.

Gerd Folkers, Prof. Dr., ist Professor für Pharmazeutische Chemie an der ETH Zürich und Präsident des Schweizerischen Wissenschafts- und Innovationsrates SWIR.

Natalie Fritz, Dr. des., ist Religionswissenschaftlerin, Mitglied der Forschungsgruppe Medien und Religion und arbeitet am Katholischen Medienzentrum in Zürich.

Monika Glavac, Dr., promovierte an der Universität Zürich im Fach Religionswissenschaft und arbeitet heute als Lektorin und Produktmanagerin für die Lernmedien des Orell Füssli Verlags.

Jacqueline Grigo, Dr., ist Ethnologin und Religionswissenschaftlerin an der Universität Zürich.

Anna-Katharina Höpflinger, Dr., ist Religionswissenschaftlerin an der Ludwig-Maximilians-Universität München.

Ann Jeffers, Dr., is Senior Lecturer at Heythrop College, University of London.

Stefanie Knauss, Prof. Dr., ist Assistant Professor am Department of Theology and Religious Studies der Villanova University (USA).

Jens Köhrsen, Prof. Dr., ist Assistenzprofessor für Religion und Wirtschaft an der Theologischen Fakultät der Universität Basel.

Marie-Therese Mäder, Dr., ist Religionswissenschaftlerin an den Universitäten Basel und Zürich.

Roger Meier, lic. sc. rel., ist Doktorand in Religionswissenschaft an der Universität Zürich.

Tommi Mendel, Dr., promovierte an der Universität Zürich in Religionswissenschaft mit dem ethnographischen Dokumentarfilm COMMON ROADS. Er ist tätig als freier Filmemacher, Gymnasiallehrer, Stagemanager und vor allem Papa.

Wolfgang W. Müller, Prof. Dr., ist Professor für Dogmatik an der Theologischen Fakultät der Universität Luzern und Leiter des Ökumenischen Instituts Luzern.

Alexander Darius Ornella, Dr., ist Senior Lecturer in Religion an der School of Social Sciences der University of Hull (UK).

Georg Pfleiderer, Prof. Dr., ist Professor für Systematische Theologie/Ethik an der Universität Basel.

Pascale Rondez, Dr., ist Pfarrerin auf der Forch, Kirchgemeinde Maur ZH, und Redaktionsmitglied der Zeitschrift «BART, Magazin für Kunst und Gott».

Christopher Rowland, Prof. Dr., is Emeritus Dean Ireland Professor of the Exegesis of Holy Scripture, University of Oxford.

Sean Michael Ryan, Dr., is Lecturer in Biblical Studies at Heythrop College, University of London.

Baldassare Scolari, lic. sc. rel., promoviert an der Ludwig-Maximilians-Universität München und der Università degli Studi di Macerata zu Performativität und Ästhetik martyrologischer Darstellungen.

Konrad Schmid, Prof. Dr., ist Professor für Alttestamentliche Wissenschaft und Frühjüdische Religionsgeschichte an der Universität Zürich.

Michael Ulrich, M.A., ist freiberuflicher Dozent für Volkswirtschaftslehre an der Fachhochschule Nordwestschweiz und promoviert an der Ludwig-Maximilians-Universität München zu Werbung, Religion und Religionsökonomie.

Hans Weder, Prof. Dr., emeritierter Professor für neutestamentliche Wissenschaft an der Theologischen Fakultät der Universität Zürich; von 2000 bis 2008 Rektor der Universität Zürich.

Christian Wessely, Prof. Dr., ist Fundamentaltheologe mit Medienschwerpunkt an der Universität Graz und Agraringenieur.

Paola von Wyss-Giacosa, Dr., Ethnologin und Kunsthistorikerin, hat Lehr- und Forschungsaufträge an der Universität Zürich und ist assoziierte Wissenschaftlerin am Max-Weber-Kolleg Erfurt.

Christoph Lucas Zapf, Dr., ist Religionsökonom und arbeitet als Post-Doc bei der «Sustainability Research Group» an der Universität Basel.

BILDNACHWEISE

S. 7: Marie-Therese Mäder

S. 12, S. 24, S. 144 : Léa Burger

S. 16: Christian Fässler/Natalie Fritz

S. 19: Ausschnitt aus dem Isenheimer Altar, Matthias Grünewald, 1506–1515, Wikimedia Commons

S. 20, S. 42, S. 76, S. 92, S. 112: Anna-Katharina Höpflinger

S. 21, S. 52, S. 66, S. 80: Yves Müller

S. 30: Pawel Streit

S. 34: Baldassare Scolari

S. 38, S. 48, S. 98, S. 120, S. 124, S. 128, S. 150, S. 154: Dolores Zoé Bertschinger

S. 56: © Jill Orr, Fotografie: Elizabeth Campbell für Jill Orr

S. 56-65: Courtesy Peter Fischer, Brigitt Bürgi, Zentrum Paul Klee, Bern

S. 61: © The Estate of Ana Mendieta Collection, LLC

S. 62: © Berlinde De Bruyckere

S. 63: © Shinji Turner-Yamamoto

S. 64: oben: © Merijn Bolink, unten: © John Isaacs

S. 65: © Shirin Neshat

S. 70-71: The first and the last of the twenty-two illustrations of the Book of Job by William Blake, The Blake Archive

S. 81: Filmstills: Como agua para chocolate (Alfonso Arau, MEX 1992)

S. 83: Filmstills: The Great Race (Blake Edwards, US 1965)

S. 85: Filmstills: The Battle of the Century (Clyde A. Bruckman, US 1927)

S. 86, S. 140: Natalie Fritz

S. 102: eisa.ch

S. 106: Daily Herald Archive, National Media Museum

S. 113: Andy Warhol, Marilyn Monroe (1985), © The Andy Warhol Foundation for the Visual Arts, Inc./2017, ProLitteris, Zurich

S. 114: Screenshot Christian Wessely

S. 115: Herz-Jesu-Bild in der Tradition der spätnazarenischen Gebrauchskunst, anonym, um 1900, Foto: Bildarchiv des Institutes für Fundamentaltheologie, Graz

S. 134: Filmstill: Dogma (Kevin Smith, US 1999)